AF596584

CATALOGUE

DES

LIVRES FRANÇOIS

qui se trouvent

Chez CHANGUION ET DEN HENGST

Libraires

A AMSTERDAM.

1802.

CATALOGUE
DE
LIVRES.

A.

Abbassai, Histoire Orientale. Paris 1753. 3 part. 12.

Abbaye, (l') ou Chateau de Barford, imité de l'Anglois. Paris 1769. 2 part. 12.

Abbaye (l') de Grasville, trad. de l'Anglois, par Ducos. Paris 1798. 3 vol. 12.

Abbaye (l') de Munster, par S. E. Leigh. Paris 1797. 2 vol. 12.

A. B. C. Instructif, par Campe. la Haye 1800. avec fig. 8.

——— le même ouvrage sans fig. 8.

Abdeker, ou l'Art de conserver la Beauté. Londres 1763. 2 vol. pet. form.

Abbé (l') de l'Epée, comédie par Bouilly. Paris 1790. gr. 8.

Abeille, (l') Françaisc. 1797. gr. 8.

Abrégé de la Théologie & de la Morale Chrétienne, par J. Saurin. Amst. 1737. gr. 8.

Abrégé de l'Histoire Sainte, par Ostervald. Amst. 1772. 8.

Abrégé de l'Origine de tous les Cultes, par Dupuis. Paris 1798. gr. 8.

Abrégé de l'Histoire Sacrée, par G. Mallet. Genev. 1768. gr. 8.

Abrégé de l'Histoire Ecclésiastique de Fleury. Berne 1766. 2 vol. 12.

Abrégé de l'Histoire Ecclésiastique, par J. A. Turretin. Neuchatel 1765. 8.

Abrégé de l'Histoire Ecclésiastique, par Formey. Amst. 1763. 2 vol. 12.

Abrégé Chronologique de l'Histoire Ecclésiastique. Paris 1768. 3 vol. 8.

Abrégé de l'Histoire Sacrée & Profane, en François & en Latin. Amst. 1771. gr. 8.

Abrégé Portatif de l'Histoire Universelle, Sacrée, & Profane, par Pernin de Chavenette. Paris 1778. 2. vol. 12.

Abrégé de l'Histoire Universelle, par Claude de l'Isle, la Haye 1731. 7 vol. 12.

Abrégé de l'Histoire Universelle de Tursellin, par Lagneau. Paris 1757. 4 vol. 12.

Abrégé d'Histoire Universelle, par V**. Neuchat. 1765. 12.

Abrégé Chronologique de l'Histoire Universelle, par Lacroze & Formey, 1791. 12.

Abrégé de l'Histoire Ancienne de Rollin, par Tailhié. Paris 1782. 5 vol. 12.

Abrégé de l'Histoire Romaine de Rollin, par Tailhié. Paris 1784. 5 vol. 12.

Abrégé de l'Histoire Grecque & Romaine de *Vellejus Paterculus*, par Paul. Paris 1770. 12.

Abrégé de l'Histoire Romaine de *L. A. Florus*, par l'Abbé Paul, avec le Latin à coté. Paris 1774. 12.

Abrégé de l'Histoire Romaine de *Florus*, par Leal. Paris 1776. 12.

Abrégé de l'Histoire de la Grèce. Paris VII. 2 vol. gr. 8.

Abrégé du Voyage d'Anacharsis, par Nivernois. la Haye 1801. 2 vol. 12.

Abrégé de la Geographie Universelle de Guthrie, par Pagès. Paris VIII. 8.

Abrégé Chronologique de l'Histoire du Nord, par la Combe. Paris 1762. 2 vol. 8.

Abrégé (Nouvel) Chronologique de l'Histoire des Empereurs. Paris 1767. 2 vol. 8.

Abrégé (Nouvel) Chronologique de l'Histoire d'Allemagne, par Pfeffel. Paris 1777. 2 vol. 8.

Abrégé Chronologique de l'Histoire Générale d'Italie, par de Saint-Marc. Paris 1770. 6 vol. 8.

Abrégé Chronologique de l'Histoire d'Espagne & de Portugal. Paris 1765. 2 vol. 8.

Abrégé Chronologique, ou Extrait de l'Histoire de France, par Mezeray. Paris 1690. 3 vol. 4.

Abrégé (Nouvel) Chronologique de l'Histoire de France, par Henault. Paris 1768. Edition sur grand papier, ornée de vignettes & fleurons. 4.

——————— le même ouvrage. Rouen 1789. 3 vol. 8.

Abrégé Chronologique des Grands Fiefs de la Couronne de France. Paris 1759. 8.

Abrégé de l'Histoire de France, par Bossuet. Paris 1747. 4 vol. 12.

Abrégé (Nouvel) Chronologique de l'Histoire de France. Paris 1765. 2 parties. 8.

Abrégé de l'Histoire de Port Royal, par Racine. Paris 1770. 12.

Abrégé du Pilotage. Paris 1766. 2 part. gr. 8.

Abrégé des Mémoires pour servir à l'Histoire du Jacobinisme, par Barruel. Lond. 1798. gr. 8.

Abrégé Chronologique de l'Histoire d'Angleterre, de Rapin. 3 vol. la Haye 1730. 4.

Abrégé (Nouvel) Chronologique de l'Histoire d'Angleterre, Traduit de l'Anglois de M. Salmon. Paris 1751. 2 vol. 8.

Abrégé de l'Histoire d'Angleterre, par Goldsmith. Paris 1801. 2 vol. avec fig. 12.

Abrégé de la Géographie Historique des Pais-Bas, par J. F. Fabre, la Haye 1750. 12.

Abrégé de l'Histoire de la Patrie. Amst. 1759. 8.

Abrégé de l'Histoire de la Hollande & des Provinces Unies, par Kerroux. Leide 1778. 4 vol. gr. 8.

——— le même ouvrage. 2 vol. 4.

Abrégé Chronologique, ou Histoire des Découvertes, par J. Barrow. Paris 1766. 12 vol. 12.

Abrégé de l'Histoire générale des Voyages, par M. de la Harpe, 23 vol. ornés de Cartes & de Figures. Paris. 8.

Abrégé de l'Histoire générale des Voyages, la continuation de l'ouvrage précédent, ou les Tomes 24 à 32. incl.

Abrégé de la Philosophie de Gassendi, par Bernier. Lyon 1678. 7 vol. 12.

Abrégé de toutes les Sciences à l'usage des Enfans, par Formey, avec fig. Amst. 1796. 8.

Abrégé de l'Arithmetique & de la Géometrie de l'Officier, par le Blond. Paris 1767. 12.

Abrégé de l'Histoire Naturelle, pour l'Instruction de la Jeunesse, par Raff. Amst. 1793. 2 vol. avec fig. 12.

Abrégé de l'Histoire des Plantes, par Chomel. Paris 1761. 3 vol. 12.

Abrégé de la Théorie Chymique de Boerhaave, par de la Metrie. Paris 1741. 12.

Abrégé de toute la Medecine Pratique, par J. Aller. Paris 1752. 7 vol. 12.

Abrégé des ouvrages de Swedenbourg. Stockholm 1788. gr. 8.

Abrégé des Principes de la Grammaire Françoise, par de Vailly. Edition revue & corrigée. Amst. 1797. 8.

Abrégé des Principes de la Grammaire Françoise, par Restaut, 1796. 12.

Académie Universelle des Jeux. Amst. 1786. 3 vol. avec fig. 8.

Académie Militaire, ou les Heros Subalternes. Amst. 1777. 2 vol. avec fig. 12.

Actes, Mémoires & Pièces authentiques concernant la Paix d'Utrecht. Utr. 1714. 7 vol. 12.

Actes & Mémoires des Négociations de la Paix de Ryswick. Haye 1725. 5 vol. 12.

Adages & Proverbes de Solon de Voge, par l'Hétropolitain. Paris, par *N. Boufos*. 12.

Adelaïde de Champagne. Paris 1680. 5 part. pet. form.

Adèle & Théodore, par Mad. Genlis. Paris 1782. 3 vol. 12.

Adèle & Sophie, ou les deux amies, par Mad. S. Paris VI. 2 vol. avec fig. 12.

Adèle de Senanges, ou Lettres de Sydenham. Paris 1799. 2 vol. avec fig. 12.

Administration des Finances de France, par Necker, 3 vol. 1785. 12.

Administration (Sur l') de Necker. Amst. 1791. 12.

Adolphe, ou la Famille malheureuse. Paris 1797. 3 vol. 18.

Adonia, ou les dangers du Sentiment, par Soulès. Paris 1801. 4 vol. avec fig. 12.

Adonis, ou le bon Nègre, Anecdote Coloniale, par J. B. Picquenard. Paris 1798. 18.

Advis Fidelle aux véritables Hollandois, touchant ce qui s'est passé dans les villages de Bodegrave & Swammerdam, & les cruautés inouies que les François y ont exercées. 1673. avec fig. 4.

Aëdologie, ou Traité du Rossignol. Paris 1751. avec fig. 12.

Affinités Chimiques, par Bergman. Paris 1788. gr. 8.

Agatha, ou la Religieuse Angloise. Paris 1797. 3 vol. 12.

Agathe & Isidore, par Madame Benoist. Amst. 1768. 2 part. 12.

Agrémens (les) de la Campagne. Leide 1750. avec fig. 2 part. 4.

Agriculture Complette, ou l'Art d'Améliorer les Terres. Trad. de l'Anglois de Mortimer. Londr. 1772. 2 vol. 12.

Agriculture (l') reduite à ses vrais principes, par Wallerius. Paris 1774. 12.

Agrippa de Nettesheim sur la Noblesse, & l'Excellence du Sexe Feminin, par de Guedeville. Leide 1726. 12.

Agronome, (l') ou Dictionnaire portatif du Cultivateur. Paris 1760. 2 vol. 8.

Ah quel conte! par Crebillon. 2 vol. Maastr. 1779. 12.

Alciphron, ou le petit Philosophe. la Haye 1734. 2 vol. 12.

Alcoran (l') des Cordeliers, avec fig. de Picart. 2 vol. Amst. 1734. 12.

Alcoran de Mahomet, Trad. par du Ryer. Amst. 1770. 2 vol. 12.

Alcoran des Princes, par Stephan Annibale d'Albanie. 1783. 8.

Alexis, ou la Maisonnette dans le Bois. 1790. 2 part. 12.

Almanach des Muses, de diverses années.

Cet ouvrage se continue regulierenent tous les ans d'un volume.

Alcibiade, Enfant, jeune Homme, Homme fait & Vieillard. 4 part. avec fig. 18.

Amadis de Gaule, (Traduction libre d') par le Comte de Tressan. Paris 1779. 2 vol. 12.

Amans (les) Indécis, Trad. de l'Anglois. Amst. 1769. 3 part. 12.

Amans (les) d'autrefois, Paris 1787. 3 vol. 12.

Ambassade au Thibet & au Boutan, par Turner. Trad. de de l'Anglois, par Castera. Paris 1800. 2 vol. 8. avec un Atlas, de Cartes & Figures.

Ambassades de Noailles en Angleterre, par de Vertot. Leide 1763. 5 vol. 12.

Ambassadeur (l') & ses fonctions, par Wicquefort. Amst. 1730. 2 vol. 4.

Amelie, Roman de Fielding, Traduit de l'Anglois, par Mad. Riccoboni. Paris 1762. 3 part. 12.

Américaines, (les) par Mad. le Prince de Beaumont, 1771. 6 vol. 12.

Amérique (l') délivrée esquisse d'un Poeme. Amst. 1783. 2 vol. gr. 8.

Ami (l') des Hommes, ou Traité de la Population, par de Mirabeau, la Haye 1758. 6 vol. 8.

Ami des Enfans, par Berquin, 8 part. 4 vol. 12.

Ami de l'Adolescence, avec le Sandford, Merton & le petit Grandison, par le même. 8 part. 4 vol. 12.

Ammien Marcellin ou le XVIII. Livres de son Histoire. Lyon 1778. 3 vol. 12.

Amis (les) Rivaux, Histoire Anglaise, par de Sacy. Amst. 1767. 12.

Ammorvin & Zallida, Roman Chinois. Paris 1798. 2 vol. 12.

Amours de Psyche & de Cupidon, par la Fontaine. Paris 1728. 8.

——— le même ouvrage en grand format avec des fig. en couleurs d'apres les Tableaux de Schall. 4.

Amours de Théagenes & Chariclée, Edition Orginale ornée de fig. & de Vignettes. Paris 1746. 2 vol. 8.

——— le même ouvrage. Londr. 1743. 8.

Amours pastorales de Daphnis & Chloë, avec les figures gravées d'après les desseins du Duc d'Orleans, Regent de France. Edition originale. Paris 1745. 8.

——— le même ouvrage. la Haye 1764. avec fig. 8.

Amours d'Ismène & d'Ismenias, la Haye 1743. avec fig. 12.

Amours de Catulle & de Tibulle, par de la Chapelle, la Haye 1742. 4 vol. avec fig. 12. pet. form.

Amours d'Ovide, Nouvelle Traduction. Paris 1798. avec fig. 8.

Amours des Dames Illustres de France, sous le Regne de Louis XIV. 2 vol. avec fig. 12.

Amours de Henri IV, Roi de France. Amst. 1754. 2 part. 1 vol. 12.

Amours de Lucile & de Doligny, par M. de Laguerrie. Paris 1769. 2 vol. 12.

Amours & Avantures de plusieurs Solitaires des Alpes, ou les malheurs des grandes passions, par Pagès. Paris 1800. 4 vol. avec fig. 12.

Amours & avantures d'un Emigré. Paris 1797. 2 vol. 18.

Amours malheureuses d'Anne Cobourg, &c. Paris 1801, avec fig. 12.

Amusemens Sérieux & Comiques. Amst. 8.

Amusemens des Dames, la Haye 1741. 8 vol. pet. form.

Amusemens des Eaux d'Aix la Chapelle. Amst. 1736. 3 vol. avec fig. 12.

Amusemens des Eaux de Schwalsbach. Liege 1739. avec fig. 8.

Amusement Curieux & Divertissant, par Ducry. Paris 1782. 12.

Amusement Philosophique, par de Gueudeville, la Haye 1743. 12.

Anacréon Sapho, Bion & Moschus. Paris 1775. belle Edition. avec fig. gr. 8.

An (l') deux mille quatre cent quarante, par Mercier, Londres 1787. 3 vol. avec fig. 8.

Analogie de l'Electricité & du Magnétisme, par van Swinden, la Haye 1785. 2 vol. avec fig. 8.

Analyse Raisonnée de Bayle. Londres 1755. 8 vol. 12.

Anatomie Chirurgicale, par Palfin. Paris 1753. 2 vol. 8.

Ancelina, ou le delire des Passions. Paris 1801. avec fig. 18.

Anciens (des) Gouvernemens Féderatifs & de la Legislation de Crète. Paris VII. gr. 8.

Anderkhan, 3 vol. pet. form.

Anecdotes Jésuitiques, ou le Philotanus moderne, la Haye 1740. 2 vol. 12.

Anecdotes de la Cour de Philippe-Auguste, par de Lussan. Paris 1738. 6 vol. 12.

Anecdotes de la Cour & du Règne d'Edouard II. Paris 1776. 12.

Anecdotes Originales de Pierre le Grand, par de Staehlin. Strasb. 1787. gr. 8.

Anecdotes des différens Peuples de la Russie. Londr. 1792. 6 vol. 8.

Anecdotes de Constantinople, ou du Bas Empire, depuis le Regne de Constantin, jusqu'à nos jours, par Nougaret. Paris VIII. 5 vol. 12.

Anecdotes du Regne de Louis XVI. Paris 1791. 6 vol. 12.

Anecdotes Curieuses & Plaisantes de la Révolution Françoise. Paris 1791. 18.

Anecdotes Secrettes sur le 18 Fructidor. Londr. 1799. 8.

Anecdotes Littéraires, la Haye 1756. 3 vol. 12.

Anecdotes Dramatiques. Paris 1775. 3 vol. 8.

Angélique & St. Eugène. Paris 1800. avec fig. 12.

Angleterre (l') en 1800. Paris 1801. 2 vol. gr. 8.

Anglois aux Indes, par Archenholtz. Lausanne 1791. 3 vol. 12.

Angola, Histoire Indienne. Londr. 1781. 2 part. 18.

Anna ou l'Heritiere Galloise. Mastr. 1788. 4 vol. 12.

Annales Romaines, par Macquer. la Haye 1757. 8.

Annales de Tacite, Trad. par Guerin, Paris 1742. 3 vol. 12.

Annales de Tacite, en Latin & en François, Trad. par Dotteville. Paris 1779. 6 vol. 12.

——— ——— le même ouvrage nouvelle Edition en 7 vol. gr. 8.

Annales d'Espagne & de Portugal, par de Colmenar. Amst. 1741. 8 vol. avec fig. gr. 12.

Annales des Provinces Unies, par Basnage, 1719. la Haye 2 vol. folio.

Annales Maritimes & Coloniales. Paris 1798. gr. 8.

Annales de Chimie, par Guyton, Mouge, &c. 40 vol. 8. *Cet ouvrage se continue avec succès.*

Annales de la Vertu, par Mad. Genlis. Paris 1781. 3 vol. 12.

Annales Galantes, la Haye 1700. per. form.

Année du Jardinage, par Bastien. Paris VIII. 2 vol. gr. 8.

Anti Lucrece, Poeme sur la Religion Naturelle. Bruxelles 1765. 12.

Anti (l') Pamela. Amst. 1743. 12.

Anti Thérese, ou Juliette Philosophe. la Haye 1750. 12.

Antiquités Egyptiennes, Etrusques, Grecques & Romaines, par le Comte de Caylus, avec fig. Paris 1752. & suiv. 7 vol. 4.

Antiquité Dévoilée par ses usages, par Boulanger. Amst. 1772. 3 vol. gr. 12.

Antoine & Jeannette, ou les Enfans abandonnés. Paris VIII. 2 vol. avec fig. 12.

Antonie, Traduite de l'Allemand. Paris 1787. 12.

Antropologie, (l') par de Gorino Corio, Trad. de l'Italien. 1761. 4.

Anthropotomie ou l'Art de Dissequer les Muscles. Paris 1750. 2 vol. 12.

Apho-

Aphorismes de Chirurgie de Boerhave, par van Swieten. Paris 1768. 7 vol. 12.

Apologie de la véritable Théologie Chrétienne, par Barclai. Lond. 1702. gr. 8.

Apologie pour Hérodote. la Haye 1735. 3 vol. 12.

Application (de l') de l'Electricité à la Physique & à la Médecine, par Troostwyk & Krayenhof. Amst. 1788. 4.

Après (les) Soupers, ou Choix de Contes. Brux. 1767. 2 part. 12.

Apropos de Société, ou Chansons de M. L. 1776. 2 vol. gr. 8.

Apropos de la Folie, ou Chansons Grotesques Grivoises & Annonces de Parade. 1776. gr. 8.

Architecture générale de Vitruve, par Perrault. Amst. 1679. 8.

Architecture pratique, par Bullet. Paris 1762. avec fig. gr. 8.

Architecture (de l') des Forteresses, par Mandar. Paris 1801. avec fig. gr. 8.

Architecture Hydraulique, par Belidor, avec près de 300 Planches. Paris 1750-1754. 4 vol. 4.

Architecture (Nouvelle) Hydraulique, par M. de Prony, Paris de l'Imprimerie de Didot. 1790. 2 vol. avec un grand Nombre de Planches. 4.

Architecture Moderne, ou l'Art de bien bâtir pour toutes sortes de personnes. Paris 1742-1745. 4 vol. avec fig. 4.

Architecture Militaire, ou l'Art de Fortifier. la Haye 1741. 2 part. avec fig. 4. gr. papier.

Argénis (l') de Barclai, par Josse. Paris 1734. 3 vol. 12.

Argénis de J. Barclai, par J. Savin. Paris 1771. 2 vol. 12.

Argumens & Réflexions sur la Sainte Bible, par Ostervald. Neuchatel 1747. 4.

Ariste, ou les Charmes de l'Honnêteté, par de Saint-Brisson. Paris 1764. 12.

Aristide, par l'Abbé Duval-Pyrau. Yverd. 1777. 8.

Aristippe (l') Moderne. ou Réflexions sur les Mœurs du Siecle. Francf. 1757. 8.

Arithmétique (l') du Sr. Barrême. Paris 1764. 12.

Arithmétique en sa perfection, par le Gendre. Rouen 1781. 12.

Arithmétique (l') des Géometres, par Deidier. 2 vol. Paris 1739. avec fig. 4

Art (l') de se connoître soi-même, par J. Abbadie. la Haye 1771. 12.

Art (l') d'orner l'Esprit en amusant, par G. de Pitaval. Paris 1732. 4 part. 12.

Art (l') de Vérifier les Dates. Paris 1770. folio.

—— le même ouvrage. *Nouvelle Edition.* Paris 1783. 3 vol. folio.

Art (l') d'apprendre la Géographie sans Maître. Utr. 1742. 12.

Art de la Guerre par Principes & par Regles, par de Puysegur. Paris 1748. 2 vol. grand papier avec fig. folio.

—— le même ouvrage. la Haye 1749. folio.

—— le même ouvrage. Paris 1748. 4.

Art de la Guerre sur mer, ou Tactique Navale, par le Vicomte de Grenier. Paris 1778. avec fig. 4.

Art (l') de la Guerre Pratique, par de Saint-Genies. Paris 1754. 2 vol. 12.

Art (l') de jetter les Bombes, par Blondel. Amst. 1699. avec fig. 4.

Art Militaire des Chinois, par de Guignes Paris 1772. avec fig. 4.

Art de Batir les Vaisseaux & d'en perfectionner la construction. Amst. 1719. avec fig. 4.

Art (l') de Peindre, par Watelet. Amst. 1761. avec fig. 12.

Art de Laver, ou la nouvelle maniere de peindre sur le papier, par Gautier Bruxelles 1708. 12.

Art du Peintre, Doreur & Vernisseur, par Watin. Liege 1778. gr. 8.

Art de la Verrerie, de Neri, Merret & Kunckel, avec le secret des vraies Porcelaines de Saxe & de la Chine. Paris 1752. avec fig 4.

Art (l') de la Teinture des Laines, par Hellot. Paris 1772. 12.

Art (l') de faire les Indiennes, par Delormois. Paris 1780. 8.

Art de regler les Pendules & les Montres, par Berthoud. la Haye 1761. 12.

Art de Tourner en Perfection, ou de faire toutes sortes d'Ouvrages au Tour, par Plumier. Nouv. Edit. avec 80 planches. Paris 1740. folio.

Art (l') du Trait de Charpenterie, par Fourneau. Paris 1786. avec fig. 4 part. folio.

Art (l') des Expériences, par Noliet. Paris 1770. 3 vol. avec fig. 12.

——— le même ouvrage. Amst. 1770. 3 vol. avec fig. 12.

Art (l') d'Essayer les Mines & les Métaux, par Schindlers. Paris 1759. gr. 8.

Art de Faire Eclorre, par de Reaumur. Paris 1751. 2 vol. avec fig. 12.

Art (l') de Désopiler la Rate. 1773. 2 part. 12.

Art (l') de se traiter soi-même dans les Maladies Vénériennes. Paris 1771. 12.

Art (l') de la Vigne, par Maupin. Paris 1780. 8.

Art (l') des Lettres de Change, par Dupuis. Amst. 1792. 12.

Art (l') de bien parler François, par de la Touche. Amst. 1760. 2 vol. 12.

Art (l') Epistolaire, par Jauffret. Amst. 1800. 3 vol. 18.

Art de connoître les Femmes. la Haye 1770. 12.

Art (l') de rendre les Femmes Fidelles. Geneve 1779. 2 part. 12.

Art (de l') de la Comédie, par de Cailhava. Paris 1772. 4 vol. gr. 8.

Art (l') de se tranquilliser dans tous les Evénemens de la Vie, par Sarasa. Paris 1768. 12.

Art de vivre heureux. Paris 1692. 12.

Art (l') de Peter. Westphalie 1776. 12.

Artillerie raisonnée, avec le Traité de l'Attaque & de la Défense des Places, par M. le Blond. Paris 1761. 3 vol. avec fig. gr. 8.

Astrée (l') de M. d'Urfé. Paris 1733. 5 vol. avec fig. 12.

Astrologie Judiciaire, par Bordelon. Bruxelles 1710. pet. form. 12.

Astronomie de M. de la Lande, Troisième Edition, considérablement augmentée. Paris 1792. 3 vol. avec fig. 4.

Astronomie Physique, par de Gamaches. Paris 1740. avec fig. 4.

Astronomie (l') mise à la portée de tout le Monde, par P. le Clerc dit de la Pierre. Amst. 1780. 2 vol. avec fig. gr. 8.

Atala, ou les Amours de deux sauvages dans le désert, par Chateau-Briand. Paris 1801. 8.

Atlas Historique, par Guedeville. Amst. 1732. 7 vol. avec fig. folio.

Atlas (Nouvel) des Enfans. Amst. 1797. avec 24 Cartes enluminées. 12.

Avantures Secrettes arrivées au Siège de Constantinople. Paris 1711. 12.

Avantures (les) d'Abdalla. la Haye. 1773. 2 vol. avec fig. 12.

Avantures (les) d'Antoine Varnish. Bruxelles 1788. 2 part. avec fig. 18.

Avantures (les) de Beauchêne. Manstr. 1783. 2 vol. avec fig. 12.

Avantures de Charles le Bon, par de Mayer. Amst. 1786. 3 vol. avec fig. 18.

Avantures (les) de Gusman d'Alfarache. Paris 1781. 3 vol. pet. form.

Avantures d'un Homme de 45 ans. Geneve 1783. 2 vol. 12.

Avantures de Hugues Trevor. Paris 1798. 4 vol. 12.

Avantures de Joseph Andrews, par Fielding. Amst. 1775. 2 vol. avec fig. 8.

Avantures de la Madona, par Renoult. Amst. 1701. 12.

Avantures de Neoptolème, par Chansieres. Paris 1767. 12.

Avantures de Pomponius. Rome 1724. 12.

Avantures de Don Ramire de Roxas. 2 part. 1 vol. Paris 1737. 12.

Avantures de la Duchesse de Vaujour, par Mirone. Utr. 1742. 6 part. 3 vol. 12.

Avantures de Roderick Random; traduit de l'anglois de Fielding. 1762. 2 vol. 8.

Avantures (les) du Duc de Roquelaure. Vers. 1787. avec fig. 12.

Avantures (les) du Seigneur Rozelli. Amst. 1785. 2 vol. avec fig. 12.

Avantures de Télémaque Fils d'Ulisse, par de la Mothe Fenelon. Amst. 1792. avec fig. 12.

——— le même ouvrage, en Anglois & François. Bruxelles. 4 vol. 18.

Avantures de Télémaque, en Italien & François. Bruxelles 4 vol. 18.

——— le même ouvrage, en Anglois. 12.

——— le même ouvrage, en Italien. 12.

Avantures d'Ulysse dans l'Isle d'Accaea. Paris 1752. 2 part. 12.

Avanturier Hollandais. Amst. 1767. 2 vol. avec fig. 12.

Aveux (les) de l'Amitié. Paris 1801. avec fig. 12.

Avis aux Ordres Priviligiés, par Barlou. Londr. 1794. gr. 8.

Avis au Peuple sur sa Santé, par Tissot. Paris 1780. 2 vol. 12.

Avis aux Gens de Mer sur leur Santé, par Mauran. Mastr. 1786. 12.

Avis aux Meres qui veulent nourrir leurs Enfans. Paris 1783. 12.

Avis aux Peres & Meres sur l'Inoculation, par de la Roche. Paris 1800. gr. 8.

Avis d'une mere infortunée à ses Filles. Liege 1787. 12.

Au premier Consul de la République Française sur les Finances, par Haller. Paris 1800. 4.

Autorité (de l') des deux puissances. Strasbourg 1781. 3 vol. 8.

Azor & Zimeo, Conte Moral, par Milcent. Paris 1776. 12.

B.

Babillard, (le) ou le Philosophe nouvelliste, Trad. de l'Anglois de Steele, par la Chapelle. Amst. 1741. 2 vol. 12.

Bachelier (le) de Salamanque, par le Sage. Paris 1784. 2 vol. 18.

Bagatelles Morales, par l'Abbe Coyer. Londr. 1758. 12.

Bailly, Histoire de l'Astronomie Ancienne. Paris 1775. 4.

——— Histoire de l'Astronomie Moderne. Paris 1779. 3 vol. 4.

——— Histoire de l'Astronomie Indienne. Paris 1787. 4.

——— Lettres sur l'Origine des Sciences & sur celle des Peuples de l'Asie, adressées à M. de Voltaire. Paris 1777. gr. 8.

——— Lettres sur l'Atlantide de Platon & sur l'Ancienne Histoire de l'Asie, pour servir de suite aux précédentes Lettres. Paris 1779. gr. 8.

Banque (la) rendue facile, par Giraudeau. Lyon 1769. 4.

Banque (la) de Hambourg, rendue facile aux Négocians de l'Etranger, par J. G. Busch. Paris 1801. gr. 8.

Barons (les) de Felsheim. Paris 1798. 4 vol. 12.

Bataves, (les) par Bitaubé. Paris 1797. gr. 8.

Baudrànd (M. A.) Geographia. Parisiis 1682. 2 vol. folio.

Bélisaire, par Marmontel. Mastr. 1782. 12.

——— le même ouvrage, Franç. & Angl. 4 vol. avec fig. 18.

Belle (la) Wolfienne, par Formey. la Haye 1774. 3 vol. 12.

Belle (la) Captive. Paris 1786. pet. form.

Belles (les) Grecques. Amst. 1715. pet. form.

Berceau de la France. Paris 1788. 3 vol. avec fig. 12.

Berceau de Flore. Paris 1798. pet. form.

Berger Fidele de Guarini, trad. en vers Français. Cologne 1677. pet. form.

Bêtes (les) mieux connues, entretiens par Joannet. Paris 1770. 2 vol. 12.

Betzi, ou les Bisarreries du Destin. Paris 1769. 2 part. 12.

Bible, (la Sainte) Amst. 1702. folio.

Bible, (la Sainte) par Martin. Amst. 1707. folio.

——— la même. Amst. 1742. 4.

Bible, (la Sainte) par Ostervald. Laus. 1774. 4.

——— la même. Neuchatel 1779. folio.

——— la même. Bienne 1771. gr. 8.

Bible, (la Sainte) avec le Commentaire Litéral, par Chais. la Haye 1743. 8 vol. 4.

Bible, (la) avec un Commentaire de Carrières. Paris 1715. 24 vol. 12.

Bible (la Sainte) avec le Nouveau Testament & les Pseaumes, *format portatif, en différentes rélieures.*

Bible, (la Sainte) mise en vers pour la Jeunesse. Amst. très pet. form.

Bible, (la) enfin Expliquée. Londr. 1777. 2 vol. gr. 8.

Bibliographie instructive, ou Traité des Livres rares & Singuliers, par Debure. Paris 1768. 7 vol. gr. 8.

Bibliothéque (Nouvelle) des Auteurs Ecclésiastiques, par Dupin. Paris 1693. avec le Supplement 20 Tom. 10 vol. 4.

Bibliothéque Portative d'Architecture Elémentaire à l'usage des Artistes, par Jombert. Paris 1764. &c. 6 vol. avec fig. gr. pap. gr. 8.

Bibliothéque des Villages, par Berquin. Paris 1793. 12.

Bibliothéque d'un Homme de Gout. Paris 1798. 3 vol. gr. 8.

Bibliothéque, ou choix des meilleurs Romans Anglois, 14 vol. 1781. & suiv. 12.

Bibliothéque de Campagne, 12 vol. Amst. 1755. avec de très-belles figures. 12.

Bibliothéque (Nouvelle) de Campagne, Paris 1773. 10 vol. 12.

Bibliothéque (la) Bleue. Liege 1787. 3 vol. 12.

Bibliothéque (Nouvelle) de Société. Londr. 1782. 4 vol. 12.

Bibliothéque Choisie & Amusante. Amst. 1746. 6 vol. 12.

Bibliothéque des Dames. Amst. 1764. 2 vol. 12.

Bibliothéque des Romans de Juillet 1775. jusque & compris Juillet 1787. ensemble 99 vol. 12.

Bibliothéque & usage des Romans. Amst. 1734. 2 vol. 12.

Bibliothéque du Theatre Français. Dresde 1768. 3 vol. gr. 8.

——— — le même ouvrage. 3 vol. 12.

Bibliothéque ancienne & moderne, par le Clerc, la Haye 1724. 29 vol. pet. form.

Bibliothéque Universelle, par le même. Amst. 1702. 26 vol.

Bibliothéque Choisie, par le même. Amst. 1713. 28 vol.

Bibliothéque (Nouvelle) de Littérature des Ana. Lille 1765. 2 vol. 12.

Bibliothéque Française, redigé par Charles Pougens, 1e. Année. Paris 1800. 12 vol. 12.

Cet ouvrage périodique se continue regulièrement avec succès.

Bienfaisance Françoise, par de Clairfontaine. Paris 1778. 2 vol. 8.

Bigarrures Philosophiques. Amst. 1759. 12.

Blancay, par Gorgy. Bruxelles 1792. 2 part pet. form.

Boerhave, Elemens de Chimie. Paris 1754. 6 vol. 12.

——— Traité du Scorbut. Paris 1756. 2 vol. 12.

——— Institutions de Médecine. Paris 1743. 8 vol. 12.

Bombardier (le) François, par Belidor, avec fig. Amst. 1734 4.

Bon (le) Fermier. Lille 1769. 12.

Bonne (la) Fermiere. Lille 1766. 12.

Bonheur, (le) Poëme de Helvetius. Londr. 1773. gr. 8.

Bonnet (mon) de Nuit, par Mercier. Neuchat. 1784. 4 vol. gr. 8.

Bon Sens. (le) Londr. 1773. 8.

Botanique pour les Femmes & les Amateurs des Plantes; par Batsch. Paris VII. avec 101 figures supériorement coloriées. gr. 8.

Botaniste François, par Barbeau Dubourg. Paris 1767. 2 vol. 12.

Brassman, ou le Pere inexorable, par Dampmartin. Paris 1801. 4 vol. avec fig. 12.

Brick Bolding, ou qu'est ce que la Vie. Paris VIII. 3 vol. avec fig. 12.

Byoux Indiscrets. 2 vol. avec fig. 12.

C.

Cabinet (le) de Portraits, par le fameux A. van'Dyk. Amst. 1732. grand papier. folio.

Cabinet des Singularités d'Architecture. Peinture, Sculpture & Gravure. par le Comte. Paris 1700. 3 vol. 12.

Calculs tout faits, par Mesange. Paris 1757. 12.

Caloandre Fidele d'Ambrosio Marini, Amst. 1740. 3 vol. 12.

Camilla, ou la Peinture de la Jeunesse. Paris 1797. 5 vol. 12.

Camille, ou Lettres de deux Filles de ce Siecle. Mastr. 1786. 4 vol. 12.

Caminologie, ou traité des Cheminées. Dyon 1756. avec fig. 8.

Campagne du Géneral Buonaparte en Italie, pendant les années IV. & V, par un Officier Général. Paris 1797. avec une Carte. gr. 8.

Campagnes du Géneral Pichegru. 8. Paris 1798. gr. 8.

Campagne de Austro-Russes en Italie sous le commandement de Suwarow. Leipsig 1799. avec Cartes. 4.

Candide, ou l'Optimisme, par Voltaire. Berlin 1778. avec fig. 8.

Cantiques Sacrées avec la musique. Amst. 1768. 12.

Caracteres (les) d'Epictète, par de Bellegarde. Bouillon 1772. 12.

Caracteres (les) de Théophraste & de la Bruyere, avec des Notes, par M. Coste. Paris 1765. grand papier. 4.

——— le même ouvrage. Amst. 1743. 2 vol. 12.

Ca-

Caracteres & Anecdotes de la Cour de Suède. Paris 1790. gr. 8.

Caracteres, (les) par de Puisieux. Lond. 1755. 2 part. 8.

Caracteres de l'Amitié, par Carraccioli. Francf. 1760. 12.

Caroline, ou les vicissitudes de la Fortune. Londr. 1788. 3 vol. 12.

Caroline de Lichtfield. Paris 1786. 2 vol. 8.

Catalogue systématique & raisonné des Curiosités de la Nature & de l'Art qui composent le Cabinet de M. Davila. 3 vol. Paris 1767. avec fig. gr. 8.

Catéchisme de Heidelberg. Francf. 1742. 8.

Catéchisme, par J. F. Ostervald. Amst. 1773. 8.

Cathéchisme, à l'usage de l'Eglise Wallonne d'Amsterdam, par J. B. de la Riviere. Amst. 8.

Catéchisme (Petit) de la Nature, par Martinet. Amst. 1780. 8.

Cathécumene. (le) gr. 8.

Catherine, ou la Forêt de Lewelyn. Laus. 1792. 2 part. 12.

Causes (les) Finales & de la Direction du mal, par Salchli. Berne 1784. gr. 8.

Cause (la) des Proscrits, ou Notice critique & raisonnée sur les lois rélatives à l'Emigration. Paris VIII. gr. 8.

Causes célébres & intéressantes, avec les jugemens qui les ont décidées, par Gayot de Pitaval. Amst. 1753. & suiv. 26 vol. 8.

Causes célébres, par Richer. Amst. 1778. 16 vol. 12.

Causes (des) de la corruption du Goût, par Mad. Dacier. Amst. 1715. 12.

Caverne (la) de Strozzi, par Regnault de Warin. Paris 1798. 12.

Caverne (la) Galloise. Paris 1801. 12.

Cecilia, ou Mémoires d'une héritiere par Miss Burney. Paris VI. 5 vol. 12.

Célestine, (la) par J. de Lavardin. Paris 1578. pet. form.

Célestine, ou la Victime des préjugés, par Charlotte Smith. Paris 1795. 4 vol. 12.

Célestine, ou le Philosophe des Alpes. Paris 1789. 12.

Cent Nouvelles, par Mad. Gomes. la Haye 1739. 20 vol. pet. form.

Cent Nouvelles nouvelles. Cologne 1736. 2 vol. avec fig. 8.

Céremonies & coutumes Réligieuses de tous les peuples du monde, 3 vol. Céremonies & coutumes Réligieuses des peuples idolatres, 2 vol. Superstitions anciennes & modernes. Amst. 1723. Ensemble. 6 vol. avec des sup. figures de Picart le Romain, prem. épreuves sur grand papier, folio.

Certitude des Preuves du Christianisme, par Bergier. Paris 1768. 12.

Certitude des Preuves du Mahométisme. Londr. 1780. 2 part. 12.

Césars de l'Empereur Julien. Amst. 1728. avec fig. 4.

Chansonnier des Graces, pour l'an IX & X. Paris. pet. form.

Chansons choisies avec les Airs notés. Geneve 1782. 4 vol. pet. form.

Charles de Tersannes, ou Familles à rayer de la Liste de Emigrés. Paris 1802. 2 vol. 12.

Charmes de l'Enfance & les plaisirs de l'Amour maternel, par Jauffret. Paris 1792. pet. form.

Château (le) d'Otrante, Traduit de l'Anglois de Walpole, 1767. 12.

Chaumiere Indienne, par Bernardin de St. Pierre. Laus. 12.

Chef (le) d'Oeuvre d'un Inconnu, Poëme. Londr. 1758. 2 vol. 12.

Chef d'Oeuvres Dramatiques de P. & T. Corneille. Londr. 1783. 5 vol. pet. form.

Chevalier (le) Robert, ou Histoire de Robert surnommé le Brave, ouvrage posthume de Tressan. Paris 1800. gr. 8.

Chevaliers (les) du Cygne, ou Anecdotes de la Cour de Charlemagne, par Madame Genlis, Hambourg 1796. 3 vol. 12.

Chevraeana ou diverses pensées de Chevreau. Amst. 1700. 12.

Choix d'Histoires Intéressantes. Paris 1781. 12.

Choix de Poësies Allemandes, par Huber. Paris 1766. 4 vol. gr. 8.

Choix de Contes & de Poësies Erses. Amst. 1772. 2 part. 12.

Choix des Poësies de Pétrarque. Paris 1774. 12.

Chou-King, (le) un des Livres Sacrés des Chinois, par Confucius, Trad. par Gaubil. Paris 1770. avec fig. 4.

Christianisme (le) Raisonnable de Locke, par Coste. Amst. 1740. 2 vol. 8.

Christianisme devoilé. Londr. 1767. 12.

Chronique (la) Scandaleuse. Paris 1785. 2 vol. 12.

Chymie expérimentale & raisonnée, par Baumé, 3 vol. avec fig. Paris 1773. gr. 8.

Cicéron Traduction du traité de l'Orateur avec des Notes, par Colin. Paris 1768. 12.

—— sur la Nature des Dieux, par d'Olivet. Paris 1703. 2 vol. 12.

—— Philippiques de Démosthene & Catilinaires, par d'Olivet. Paris 1792. 12.

—— Entretiens sur les vrais biens, par R. Desmarais, avec le Latin. Paris III. 12.

—— (Remarques sur) par Bouhier. Paris 1766. 12.

—— Songe de Scipion & les Paradoxes. Paris 1725. avec le Latin, 12.

Cimetiere (la) de Madelaine. Paris 1801. 4 vol. avec fig. 12.

Cire (la) alliée avec l'huile. Manheim 1770. gr. 8.

Civan, Roi de Bungo, par Beaumont. Londr. 1754. 2 part. 12.

Clairval Philosophe, ou la force des Passions, la Haye 1765. 2 vol. 12.

Clermont, Trad. de l'Anglois. Paris 1798. 3 vol. 12.

Cloche de Minuit. Paris 1798. 2 vol. 12.

Clémence & Zephirine, ou Histoire de deux amies. Paris X. pet. form.

Code-Fréderic, ou Corps de Droit pour les Etats de S. M. le Roi de Prusse, 3 vol. 1752. gr. 8.

Coelina, ou l'Enfant du Mystere. Paris 1798. 6 vol. 12.

Coligny, ou la Saint Barthelemi, par D'Arnaud. Paris 1782. grand papier. 8.

Collection précieuse & enluminée des fleurs de la Chine, par Buchoz, avec 100 fig. supérieurement coloriés. folio.

Collection complette des Oeuvres de l'Abbé Mably. Paris 1795. 15 vol. gr. 8.

Collection complette des Travaux de Mirabeau l'ainé à l'Assemblée Nationale. Paris 1791. 5 vol. gr. 8.

Collection complette des Oeuvres de Crebillon le Fils. Londr. 1779. 7 vol. 12.

Collection complette des Oeuvres de Madame Riccoboni. Liege 1781. 8 vol. 12.

Collection d'Heroïdes & pieces fugitives de Dorat, Colardeau & autres. Francf. 1771. 12 vol 12.

Collection choisie d'Opéra Comiques. Liege 1785. 12 vol. 8.

Comédies (les) de Plaute, par Gueudeville. Leide 1719. 10 vol. avec fig. 12.

Comédies de Plaute, Trad. par Madlle. le Fevre. Paris 1691 3 vol. 12.

Comédies (les) de Terence, par Le Monnier. Paris 1771. 3 vol. avec des superbes fig. gr. 8.

Comédies (les) de Terence par Mad. Dacier. Amst. 1747. & Amst. 1767. 3 vol. avec fig. 12.

Commencemens (les) & les Progrès de la vraie Piété, par par Doddridge. Amst. 1768. gr. 8.

Commentaire Littéral sur tous les livres de l'Ancien & du Nouveau Testament, par A. Calmet. Paris 1724. 8 Tom. 9 vol. folio.

Commentaire sur les Loix Angloises, par Blackstone. Brux. 1774. 6 vol. gr 8.

Commentaire sur la Henriade, par de la Beaumelle. Berlin 1775. grand papier. 4.

—— —— le même ouvrage. Berlin 1775. 2 part. gr. 8.

Commentaires sur les Institutions Militaires de Vegece, par Turpin de Crissé. Paris 1783. 2 vol. avec fig. 4.

Commentaires sur les Memoires de Montecuculi, par Turpin Crissé. Amst 1770. 3 vol. avec fig. gr. 8.

Commentaires de César, par le Comte Turpin de Crissé, Amst. 1788. 3 vol. avec fig. gr. 8.

Commentaires (les) de César, par Danville. Amst. 1763. 2 vol. avec fig. 12.

Commentaires sur les Epitres d'Ovide, par M. G. Bachet, la Haye 1716. 2 vol. gr. 8.

Commentaires sur le Théatre de P. Corneille. 1764. 3 vol. 12.

Commerce (le) de la Hollande. Amst. 1768. 3 vol. 12.

Compere (le) Matthieu. Londr. 1777. 3 vol. 8.

Complimens de la Langue Françoise en forme de Dialogues Troyets. per. form.

Comptes faits, par Barrême. Avignon 1760. 12.

Comte (le) de Valmont, ou les Egaremens de la Raison. Paris 1801, 6 vol. avec fig. 12.

Comte de Gabalis. Cologne 12.
Confessions (les) d'une Courtisane devenue Philosophe. Londr. 1784 12
Confessions (les) du Comte de ***. Londr. 1781 18.
Confiance (la) Trahie, par de Coteneuve. Amst. 1777. 12.
Confidence Philosophique. Geneve 1776. 2 part. 1 vol. gr. 8.
Confidence (la) Nécessaire. Camb. 1769. 2 part 12.
Confidences à une Amie. Genev. 1763. 2 part. 12.
Confidences (les) Réciproques. Londr. 1779. 3 part. 12.
Conformité (la) des Destinées & Axiamire. Paris 1736 12.
Conjectures sur l'Electricité Médicale, par J. J. Garuane. Paris 1768. 12.
Connoissance (de la) de Soi même. Paris 1701. 6 vol. 12.
Connoissances de Tems, gr. 8. *diverses années.*
Connoissance Parfaite (la) des Chevaux, par G. de Saunier, la Haye 1734. avec LXI Planches, folio.
Connoissance parfaite des Chevaux. Paris 1770. avec fig. gr. 8.
Connoissance des Poëtes Latins. Paris 1751. 2 vol. 12.
Connoissance des Beautés & des Défauts de la Poësie & de l'Eloquence dans la Langue Française. Londr 1750. 8.
Connoissances (les) Géométriques, par Dupain de Moutesson. Paris 1774. avec fig. gr. 8.
Conquête de Naples, par Charles VIII. Poëme. Paris 1801. 3 vol. gr. 8.
Conseils d'Amitié. Lyon 1747. 12.
Conservateur, (le) par François de Neufchateau. Paris 1799. 2 vol. gr. 8.
Conservateur (le) de la Santé, par le Begue de Presle, Yverd. 1763. 12.
Considérations sur la Conversion & l'Apostat de St. Paul, par Lyttleton. Amst. 1751. gr. 8.
Considérations sur les Oeuvres de Dieu, Traduit de l'Allemand de Sturm. Mastr. 1794. 3 vol. 12.
Considérations sur les Mœurs de ce Siecle, par Duclos. Paris 1767. 12.
Considérations sur les Corps Organisés, par C. Bonnet. Amst. 1768. 2 vol. gr. 8.

Considérations Politiques sur les Coups d'Etat, par G. Naudé. 1752. 3 vol. 12.

Considérations sur le Gouvernement ancien, & présent de la France, par d'Argenson. Amst. 1764. gr. 8.

Consolations (les) de l'Ame Fidele, contre les Frayeurs de la Mort, par Drelincourt. Leide 1760. 2 vol. 8.

Consolations de ma Captivité, ou Correspondance de Roucher. Paris 1797. 2 vol. gr. 8.

Constantinople ancienne & moderne. Paris 1798. 2 vol. avec fig. gr. 8.

Constitution de l'Angleterre, par de Lolme. Amst. 1771. gr. 8.

Construction (de la) Oratoire, par Batteux. Paris 1763. 12.

Contemplation de la Nature, par C. Bonnet. Amst. 1769. 2 vol. gr. 8.

Conte du Tonneau, par Swift, la Haye 1757. 3 vol. avec fig. 12.

Contes Philosophiques & Moraux de la Dixmerie. Londr. 1769. 3 vol. 12.

Contes & Nouvelles de Bocace. Col. 1702. 2 vol. avec fig. 8.

Contes & Nouvelles en Vers, par de la Fontaine. Amst. 1764. 2 vol. avec très belles fig. gr. 8.

Contes (Nouveaux) Orientaux, par de Caylus. Amst. 1780. avec fig. 2 vol. 12.

Contes (les) & discours D'Eutrapel. 1732. 2 vol. 12.

Contes, Traduits de l'Anglois. Mastr. 1774. 2 part. 12.

Contes Moraux, par Marmontel, avec le Belisaire. Amst. 1779. 4 vol. avec très belles fig. 12.

Contes Moraux, par Mercier. Paris 1771. 2 part. 12.

Contes Moraux, dans le Goût de ceux de Marmontel, par Madlle. Uncy. Paris 1763. 4 vol. 12.

Contes (les) des Génies, par Ch. Morell. Amst. 1766. 3 vol. avec fig. 8.

Contes & Nouvelles de Vergier. Paris 1727. 2 vol. 12.

Contes, Fables, Chansons & Vers, par L. P. Segur l'ainé. Paris 1801. gr. 8.

Contes Moraux, par Mad. de Beaumont. Amst. 1774. 2 vol. pet. form.

Contes (les) Jaunes, ou le Livre de l'Enfance, par Freville. Paris 1797. pet. form.

Contes du Tems passé de ma mere l'Oye. Franç. & Angl. Londr. 1764. avec fig. 8.

Continuation des Causes célébres & intéressantes, par de la Ville. Liege 1775. 4 vol. 8.

Contract (du) Social, ou Principes du Droit Politique, par J. J. Rousseau. Amst. 1762. gr. 8.

Controverse sur la Religion Chrétienne & celle des Mahométans. Paris 1767. 12.

Conversations Nouvelles sur divers sujets, par Scudery, la Haye 1710. pet. form.

Conversations (les) d'Emilie. Liege VIII. 4 vol. 18.

Conversations Angloises & Françoises de Perrin. Leide 1797. 12.

Coran, (le) Traduit de l'Arabe & Vie de Mahomet, par Savary. Amst. 1786. 2 vol. 12.

Cornelius Nepos, Vies des grands Capitaines avec des Notes, par Paul. Latin à côté. Paris 1781. 12.

Corps Diplomatique du Droit des Gens, par Dumont, avec le Suplement par Rousset, l'Histoire des anciens Traités, par Barbeyrac & le Cérémonial Diplomatique des Cours de l'Europe, complet en 26 part. l'Histoire des Traités de Paix depuis celui de Vervins, 2 vol. & les Négociations de la Paix de Munster & d'Osnabrug, 4 vol. ensemble 33 part. en 17 vol. Amst. 1726. & suiv. folio.

Corps d'Extraits de Romans de Chevalerie, par de Tressan. Paris 1782. 4 vol 12.

Correspondance de Montalembert avec le Marquis d'Havrincourt. Londr. 1777. 3 vol. gr. 8.

Correspondance du Négociant, ou Lettres de Commerce. Hamb. 1784. 12.

Correspondance de Necker avec Calonne. 1787. 12.

Correspondance de Philippe d'Orleans, avec Louis XVI. &c. Paris 1800. gr. 8.

Correspondance de l'Armée Françoise en Egypte, interceptée par l'Escadre de Nelson. Londr. 1799. gr. 8.

Cosmographie Elémentaire, par Mentelle. Paris 1800. 3 vol. gr. 8. & Atlas de Cartes.

Courrier des Enfans, par Jauffret. Amst. 1800. 2 vol. pet. form.

Cours d'Histoire Sacrée & Profane. Paris 1766. 2 vol. 12.

Cours de Morale Religieuse, par Necker. Paris 1800. 3 vol. gr. 8.

Cours de Géographie Elémentaire, par Ostervald. Franç. & Holl. Amst. 1770. avec Cartes. 12.

Cours de Mathématiques de Wolff. Paris 1747. 3 vol. avec fig. gr. 8.

Cours (Nouveau) de Mathématique à l'usage des Ingénieurs, par Bélidor. Paris 1757. avec fig. grand pap. 4.

Cours de Mathématiques à l'usage des Elèves de la Marine, savoir *Arithmétique*, *Géometrie*, *Algebre*. *Mécanique*. *2 vol.* & *Navigation*, par Bezout. *dernière édition*. 6 vol. avec fig. gr. 8.

Cours de Mathématiques à l'usage de l'Artillerie, par le même. *dernière édition*. 4 vol. avec fig. grand pap. 8.

Cours de Mathématiques à l'usage du Génie, savoir *Arithmétique*, *Algebre*, *Géometrie*. *Méchanique* & *Hydrodinamique*, par Bossut. *dernière édition*. 5 vol. gr. 8.

Cours de Mathématiques à l'usage des Ecoles Militaires, par le même. *derniere édition*. gr. 8.

Cours de Tactique Théorique, Pratique & Historique, par Joly Mizeroi Paris 1766. 11 vol. avec fig. gr. 8.

Cours de Physique Expérimentale & Mathématique, par Musschenbroek, Trad. par Sigaud de la Fond. Paris 1769. 3 vol. avec fig. 4.

Cours de Physique Expérimentale, par Desaguliers, Trad. par Pezeras, 2 vol. Paris 1751. avec fig. 4.

Cours de Physique Experimentale & Théorique, par l'Abbe Sauri. Paris 1767. 4 vol. 12.

Cours de Physique & de Chymie, par Jacotot. Paris 1801. 2 vol. avec un Atlas, gr. 8.

Cours de Chymie, par Lemery. Paris 1757. 4.

Cours de Chirurgie, par Elie Col de Vilars. Paris 1764. 6 vol. 12.

Cours Complet d'Optique de R. Smith. Avignon 1767. avec fig. 4.

Cours de Peinture, par Piles. Amst. 1766. 12.

Cours d'Etudes, par Condillac. Geneve 1780. 12 vol. gr. 8.

Cours de Littérature, ancienne & moderne, ou Lycée, par la Harpe. Paris VII. 12 Tom. 14 vol. gr. 8. *Les autres volumes suivront incessamment.*

Cours de Lectures, Ouvrage posthume du Dr. Doddridge. Liege 1768. 4 vol. 12.

Cours d'Éducation à l'usage des Demoiselles & des Jeunes Messieurs, par Wandelaincourt. Paris 1782. 8 vol. 12.

Cours d'Etudes, pour les Jeunes Demoiselles, par Fromageot. Paris 1772. 8 vol. 12.

Cours d'Instruction d'un Sourd-muet de naissance, par Sicard. Paris 1800. avec fig. gr. 8.

Cours de la Langue Anglaise, par Luneau de Boisjermain. Paris VI. 3 vol. 4. & 2 vol. gr. 8.

Cours complet de la Langue Françoise, par Mauvillon. Dresde 1754. 2 vol. 8.

Cousin (le) de Mahomet. 1783. 2 vol. avec fig. 12.

Couvent de St. Dominique, Trad. de l'Anglois, par Rivarol. Paris 1801. 3 vol. 18.

Crimes des Rois de France. Paris 1791. gr. 8.

Crimes (les) des Reines de France, par Prudhomme. Londr. 1792. avec fig. gr. 8.

Critique de l'Histoire des Flagellans, par Thiers. Paris 1703. 12.

Critique du Siecle, la Haye 1755. 2 vol. 12.

Cuisinier (le) Moderne, par V. la Chapelle, la Haye 1736. 4 vol. avec fig. gr. 8.

Cuisinier (le) Instruit. Paris 1758. 2 vol. 12.

Cuisiniere (la) Bourgeoise. Brux. 1781. 12.

Culte (du) des Dieux Fétiches. 1760. 12.

Culture (la) de l'Esprit, par J. Watts. Amst. 1762. 8.

Curce (Quinte) de la Vie d'Alexandre le Grand de la Trad. de Vaugelas, la Haye 1717. 2 vol.

Curieux (le) Antiquaire, par Berkenmeyer. Leide 1729. 3 vol. avec fig. gr. 8.

Curiosités de la Nature, par de Vallemont, Brux. 1723. 2 vol. avec fig. 8.

Curiosités de Paris. Paris 1753. 2 vol. avec fig. 12.

Cyropédie, ou Histoire de Cyrus, par Dacier. Paris 1777. 2 vol. 12.

D.

Danger (le) d'aimer un Etranger, ou Histoire de Milady Chester & d'un Duc Français. Geneve 1784. 4 part. 12.

Dangers (les) des Spectacles, ou Mémoires de Champigny, par de Mouhy. Paris 1780. 8 part. 4 vol. 12.

Dangers (les) d'un premier choix, ou Lettres de Laure à Emilie. Paris 1785. 3 part. 12.

Dangers (les) de la Coquetterie. Paris 1788. 18.

Dangers des Circonstances. Paris 1789. 4 vol. 12.

Dangers de l'Intrigue, par de la Vallée. Paris 1798. 4 vol. avec fig. 12.

Daphnis & le premier Navigateur Poëmes de Gessner. Paris 1766. 12.

Décameron de Jean Bocace, *Edition originale.* Londr. 1757. 5 vol. avec superbes figures.

Défense des Parens des Emigrés, contre le fisc, par Boudet. Paris VIII. gr. 8.

Dégradation de l'espèce humaine, par l'usage des corps à baleine, par Bonnaud. Paris 1770. 12.

Délassemens (les) Champêtres ou Mélanges d'un Philosophe, la Haye 1767. 2 vol. 12.

Délassemens de l'Homme sensible, par d'Arnaud. Mastr. 1783. & suiv. 12 vol. 12.

Delia, ou Histoire d'une jeune Héritiere. Paris 1788. 3 vol. 12.

Délices de l'Espagne & de Portugal, par Colmenar. Leide 1715. 12.

Délices de la Grande Bretagne & de l'Irlande. Amst. 1727. 8 vol. avec fig. 8.

Délices de l'Italie. Leide 1706. 3 vol. avec fig. 8.

Délices des Pays-Bas, ou Description des XVII. Provinces Belgiques. Paris 1786. 7 vol. avec fig. 12.

Délices (les) de la Campagne de Leide, par G. Goris. Leide 1712. avec fig 12.

Délices (les) du Sentiment, par de Mouhy. Paris 1763. 6 vol. 12.

Délices de la Solitude. Paris 1799. 2 vol. avec fig. 12.

Demetrius, ou de l'Education d'un Prince, par Chambert. Liege 1790. 2 vol. 12.

Demonstration (Nouvelle) Evangelique, par J. Leland. Liege 1768. 4 vol. 12.

Démonstration Evangelique, par Duvoisin. Brunsw. 1800. 12.

Démonstrations Elémentaires de Botanique. Lyon 1773. 2 vol. avec fig. gr. 8.

Dernier Tableau de Paris, ou Histoire de la Revolution du 10 Aout, par Peltier. Londr. 1792. 2 vol. avec fig. gr. 8.

Derniere (la) Héloise. Paris 1784. 2 part. avec fig. 18.

Derniere Avanture d'un Homme de 45 ans. Paris 1783. 2 vol. avec fig. 12.

Description de l'Arabie, par C. Niebuhr. 1774. avec fig. 4.

Description de l'Empire de la Chine, par du Halde, la Haye 1736. 4 vol. avec fig. & l'Atlas de la Chine, 4.

Description de l'Egypte de Maillet, par Mascrier, la Haye 1740. avec fig. 2 vol. 12.

——— le même ouvrage. 4.

Description des Isles de l'Archipel, par Dapper. Amst. 1703. avec fig. folio.

Description du Cap de Bonne Espérance, par Kolbe. Amst. 1741. 2 vol. avec fig. 8.

Description Historique de l'Empire Russien, par Strahlenberg. Paris 1757. 2 vol. 12.

Description du Danube, par Marsigli, la Haye 1742. 6 vol. avec fig. format d'Atlas.

Description (Nouvelle) de la France, par Piganiol de la Force. Paris 1754. 13 vol. avec fig. 12.

Description Historique de Fontainebleau, par Guilbert. Paris 1731. 2 vol. avec fig. 12.

Description Historique de l'Italie, par Richard. Paris 1766. 6 vol. 8.

Description de l'Hôtel de Ville d'Amsterdam, avec fig. 12.

Description des moyens employés pour mesurer la Base de Hounslow-Heath, Traduit par Prony. Paris 1787. avec fig. 4.

Description d'une Machine pour diviser les Instrumens de Mathématiques, par Ramsden. Paris 1798. avec fig. 4.

Description & usage d'un Cabinet de Physique Expérimentale, par Sigaud de la Fond. Paris 1784. 2 vol. avec fig. gr. 8.

Description du Ventilateur, par Hales. Paris 1744. 12.

Description des Plantes qui naissent aux Environs de Paris, par Fabregon. Paris 1740. 6 vol. 12.

Description abrégée des Maladies dans les Armées, par van Swieten. Liege 1765. 12.

Description d'une tête humaine. Paris 1800. avec fig. gr. 8.

Description de la Vessie Urinaire de l'Homme, par Parsons. Paris 1743. 12.

Détails des ouvrages de Menuiserie pour les Bâtimens, par Potain. Paris 1749. gr. 8.

De tout un peu, ou les Amusemens de la Campagne. Paris 1768. 2 vol. 12.

Deux (les) Insulaires, ou Histoire de Mr. de Fayel & de Mad. de Forlis. Paris 1802. 2 vol. avec fig. 12.

Deux (les) Amis, ou le Comte de Méralbi, par Sellier de Moranville. Paris 1771. 4 part. 12.

Deux (les) rouge Gorges. Paris 1800. 12. pet. form.

Deux Cousines, (les) ou les Epoux comme il y en a peu. Paris 1801. 3 vol. avec fig. 12.

Développement Nouveau des Mathématiques, par Louis Bertrand. Geneve 1778. 2 vol. 4.

Devoirs (les) des Communians, par Ostervald. Amst. 1788. 8.

Dévotions Raisonnables & Chrétiennes, par Formey. Berlin 1770. 2 vol. 8.

Diable Boiteux, par le Sage. Amst. 1739. 2 vol. avec fig. 12. pet. form.

Dialogues sur la Religion Naturelle de D. Hume. Edinb. 1780. 12.

Dictionnaire Abrégé de la Bible. Paris 1755. 12.

Dictionnaire Historique des Cultes Religieux, par de la Croix. Paris 1767. 3 vol. avec fig. 8.

Dictionnaire Historique des Cultes Religieux. Liege 1772. 5 vol. 8.

Dictionnaire Philosophique. Londr. 1770. 2 vol. gr. 8.

Dictionnaire Universel des Arts & des Sciences. Londr. 1761. 2 vol. 4.

Dictionnaire portatif des beaux Arts, par la Combe. Paris 1759. 12.

Dictionnaire de Mathématique & de Physique, par Saverien. Paris 1753. 2 vol. avec fig. 4.

Dictionnaire de Physique portatif. Avignon 1767. 2 vol. 8.

Dictionnaire d'Architecture civile, militaire & navale, par Roland le Virloys. Paris 1770. 3 vol. avec fig. 4.

Dictionnaire de Marine. Amst. 1736. avec fig. 4.

Dictionnaire de la Marine, par Saverien. Paris 1781. 2 vol. avec fig. 8.

Dictionnaire Militaire. Dresde 1751. 2 vol. gr. 8.

Dictionnaire Portatif de l'Ingénieur, par Jombert. Paris 1768. gr. 8.

Dictionnaire raisonné universel d'Histoire Naturelle, par Valmont de Bomare. Paris 1768. 6 vol. 12.

——— le même ouvrage. Paris 1775. 9 vol. gr. 8.

——— le même ouvrage. Lyon 1791. 15 vol. gr. 8.

——— le même ouvrage. Lyon 1800. 15 vol. gr. 8.

Dictionnaire des Animaux, ou le Regne Animal. Paris 1759. 4 vol. 4.

Dictionnaire raisonné d'Hippiatrique, par la Fosse. Brux. 1776. 2 vol. gr. 8.

Dictionnaire des Plantes Usuelles, par une Société de Gens de Lettres. Paris II. 8 vol. avec fig. gr. 8.

Dictionnaire Universel d'Agriculture & de Jardinage. Paris 1751. 2 vol. 4.

Dictionnaire Universel des Fossiles, par E. Bertrand, la Haye 1763. 2 vol. gr. 8.

Dictionnaire des Drogues Simples, par Lemery. Paris 1760. 4.

Dictionnaire de Chymie, par Macquer. Paris 1778. 2 vol. 4.

——— le même ouvrage. 4 vol. 8.

Dictionnaire Anatomique, Latin-François. Paris 1753. 12.

Dictionnaire raisonné d'Anatomie & de Physiologie. Paris 1766. 2 vol. 8.

Dictionnaire de Chirurgie. Paris 1767. 2 vol. 8.

Dictionnaire interprête de matiere Médicale, par Julliot. Paris 1768. 2 vol. 12.

Dictionnaire (Nouveau) Universel & raisonné de Médecine, de Chirurgie & de l'Art Vétérinaire, par une Société de Médecins. Paris 1772. 6 vol. 8.

Dictionnaire de la conservation de l'Homme, par Macquart. Paris VII. 2 vol. gr. 8.

Dictionnaire portatif de Santé. Rouen 1788. 3 vol. gr. 8.

Dictionnaire du Diagnostic, par Helian. Paris 1771. 12.

Dictionnaire des Alimens. Paris 1750. 3 vol. 12.

Dictionnaire Economique, par N. Chomel. Nouvelle Edition, entierement corrigée & considérablement augmentée, par M. de la Marre. Paris 1767. 3 vol. avec fig. folio.

Dictionnaire Domestique Portatif. Paris 1765. 3 vol. gr. 8.

Dictionnaire Portatif de Cuisine, d'Office & de Distillation. Paris 1772. 8.

Dictionnaire des Artistes. Paris 1776. 2 vol. 12.

Dictionnaire de l'Industrie. Paris 1796. 6 vol. gr. 8.

Dictionnaire de Chasse & de Pêche. Paris 1769. 2 vol. 12.

Dictionnaire (Petit) de la Cour & de la Ville. Paris 1788. 2 vol. 12.

Dictionnaire Social & Patriotique. Amst. 1770. 8.

Dictionnaire de Justice, par Felice. Yverdon 1778. 13 vol. 4.

Dictionnaire de Droit & de Pratique, par de Ferriere. Paris 1771. 2 vol. 4.

Dictionnaire du Citoyen. Amst. 1762. 2 vol. gr. 8.

Dictionnaire Universel de Commerce, par Savary. Coppenhague 1759. 5 vol. folio.

Dictionnaire Portatif de Commerce. Geneve 1761. 7 vol. gr. 8.

Dictionnaire des Postes & du Commerce, par Guyot. Paris 1782. 2 vol. gr. 8.

Dictionnaire Universel de la Géographie Commercante, par Peuchet. Paris VII. 5 vol. 4.

Dictionnaire (le grand) Géographique, par Brusen de la Martiniere. Paris 1768. 6 vol. folio.

Dictionnaire Géographique Universel de Baudrand. Amst. 1701. 4.

Dictionnaire (Abrégé Portatif du) Géographique de la Martiniere, la Haye 1762. 2 vol. gr. 8.

Dictionnaire Géographique, par Vosgien. *dernière Edition*. Bruxelles 1799. 2 vol. gr. 8.

Dictionnaire Historique ou mélange curieux de l'Histoire Sacrée & Profane, par Louis Moreri. Amst. 1740. 8 vol. folio.

Dictionnaire Portatif, comprenant la Géographie, l'Histoire Universelle, la Chronologie, &c. Avign. 1760. 8 vol. 8.

Dictionnaire Historique & critique de Bayle. Amst. 1740. 4 vol. folio.

Dictionnaire nouveau pour servir de Supplément à celui de Bayle, par J. G. de Chaufepié. Amst. 1750. 4 vol. folio.

Dictionnaire Historique, où Mémoires Critiques & Littéraires, par P. Marchand, la Haye 1758. 2 vol. folio.

Dictionnaire Historique & Critique, tirée de Bayle & de Chaufepié, par de Bonnegarde. Lyon 1771. 4 vol. gr. 8.

Dictionnaire (Nouveau) Historique, par une Société de Gens de-Lettres. Caen 1791. 9 vol. gr. 8.

——— le même ouvrage. Caen 1779. 6 vol. gr. 8.

Dictionnaire Historique, par l'Avocat. Paris, 4 vol. 8.

Dictionnaire des Portraits Historiques anecdotes & traits remarquables des hommes illustres. Paris 1768. 3 vol. 8.

Dictionnaire Historique Portatif des Femmes célébres, Paris 1769. 3 vol. 8.

Dictionnaire Biographique & Historique des Hommes marquans de la fin du XVIII. Siecle. Londres 1800. 3 vol. gr. 8.

Dictionnaire Historique de la Ville de Paris, par de Brissac. Paris 1779. 4 vol. gr. 8.

Dictionnaire des Jacobins vivans. Hambourg 1799. 12.

Dictionnaire Géographique Historique & Politique de la Suisse. Geneve 1776. 2 vol. avec la Carte Géographique. gr. 8.

Dictionnaire Portatif de Mythologie. Paris 1765. 2 vol. 8.

Dictionnaire de la Fable, par Noël. Paris 1801. 2 vol. gr. 8.

Dictionnaire Abrégé de la Fable, par Chompré. Bruxelles 1801. 18.

Dictionnaire Chronologique, par de Prezel. Paris 1779. 2 vol. 12.

Dictionnaire Néologique. Amst. 1780. 8.

Dictionnaire des Gens du Monde. Paris 1771. 3 vol. 8.

Dictionnaire Comique Satyrique, Critique, &c. par Leroux. 1786. 2 vol. gr. 8.

Dictionnaire Poëtique Portatif. Paris 1759. 8.

Dictionnaire de Musique, par J. J. Rousseau. Amst. 1768. 2 vol. 12.

Dictionnaire Lyrique Portatif, ou choix des plus jolies ariettes de tous les genres, par Dubreuil. Paris 1766. avec le Supplément. 4 vol. 8.

Dictionnaire des Théatres de Paris. Paris 1756. & Supplément, 7 vol. 8.

Dictionnaire Portatif de Théatres, par Léris. Paris 1763. 8.

Dictionnaire critique Pittoresque & Sentencieux. Lyon 1768. 3 vol. 12.

Dictionnaire (Nouveau) d'Anecdotes. Liege 1786. 2 vol. 12.

Dictionnaire Bibliographique Portatif, par Desessarts. Paris VIII. gr. 8.

Dictionnaire de Littérature, par Sabathier. Paris 1770. 3 vol. 12.

Dictionnaire de la Langue Sainte, par Leigh. Trad. par Wolzogue. Amst. 1703. grand papier, 4.

Dictionnaire Etymologique de la Langue Françoise, par Menage. Paris 1750. 2 vol. folio.

Dictionnaire Universel des mots François, par Furetiere, la Haye 1727. 4 vol. folio.

Dictionnaire de la Langue Françoise Ancienne & Moderne de P. Richelet. Lyon 1759. 3 vol. folio.

——— le même ouvrage, 2 vol. Amst. 1732. 4.

Dictionnaire (Nouveau) Portatif de la Langue Françoise, par Gattel. Lyon 1797. 2 vol. gr. 8.

Dictionnaire de l'Académie Françoise. Paris 1718. 2 vol. folio.

Dictionnaire (Nouveau) François composé sur le Dictionnaire de l'Académie Françoise. Paris 1793. 4.

Dictionnaire de l'Académie Françoise. Paris VII. 2 vol. 4.

Dictionnaire des Synonymes François, par Beauzée. Liege 1790. gr. 8.

Dictionnaire (Abrégé du) de l'Académie Françoise. Paris 1772. gr. 8.

Dictionnaire François & Latin, par Danet. Amst. 1710. 4.

Dictionnaire (Nouveau) Espagnol, François & Latin, par de Séjournant. Paris 1789. 2 vol. 4.

Dictionnaire, François, Espagnol & Latin, par Gattel. Lyon. 1790. 4 vol. gr. 8.

Dictionnaire (Nouveau) de Poche François-Espagnol, par Gattel. Paris 1798. 2 vol. 12.

Dictionnaire, François & Portugais. Barcelone 1722. 4.

Dictionnaire, Italien & François, par Veneroni. Amst. 1729. 2 vol. 4.

Dic-

Dictionnaire (Nouveau) François-Italien, par l'Abbé François d'Alberti. Nice 1788. 2 vol. 4.

Dictionnaire (Nouveau) de Poche, François-Italien, par J. Martinelli. Paris 1797. 2 vol. 18.

Dictionnaire (Nouveau) François-Allemand & Allemand-François. Strasb VIII. 2 vol. 4.

——— le même ouvrage, 2 vol. gr. 8.

Dictionnaire (Nouveau) de Poche François-Allemand. Strasb. 1796. 2 vol. 18.

Dictionnaire François-Anglois & Anglois-François de Boyer, par Chambaud & Robinet. Amst. 1785. 2 vol. 4.

Dictionnaire (Nouveau) Portatif François & Anglois, par Nugent. Paris 1797. 18.

Dictionnaire (le grand) François & Flamand, par F. Halma. La Haye 1781. 2 vol. 4.

Dictionnaire, François-Hollandois & Hollandois François, par P. Marin. Amst. 1793. 2 vol. 4.

Dictionnaire Portatif, François-Hollandois & Hollandois-François de Marin. Dordr. 1787. 2 vol. 8.

Discours Historiques sur l'Histoire du V. & N. Test. par Saurin, avec figures de Hoet, Houbraken & Picart. La Haye 1733. 6 vol. folio.

Discours Historiques, par Saurin. Amst. 1720. 11 vol. gr. 8.

Discours Historique sur l'Apocalipse, par Abauzit. Londr. 1770. 12.

Discours sur l'usage & la fin des Propheties, par Sherlock. Amst. 1744. 8.

Discours Moraux, par Formey. Berlin 1764. 2 vol. 12.

Discours Historiques sur Tacite, par Gordon. Amst. 1742. 2 vol. 12.

Discours Historiques sur Salluste, par Gordon. 1759. 2 vol. 12.

Discours sur l'Histoire Universelle, par J. B. Bossuet. Amst. 1755. 4 vol. 12.

Discours & autres ouvrages d'Aguesseau. Amst. 1756. 2 vol. 8.

Discours Philosophiques de Maxime de Tyr. Trad. par Formey. Leyde 1764. 12.

Discours Philosophique ou la Philosophie de l'Histoire, par Bazin. Londr. 1770. gr. 8.

Discours sur le Gouvernement, par A. Sidney. La Haye 1755. 4 vol. 12.

Discours Politiques. Amst. 1757. 5 vol. 12.

Discours sur l'Origine de l'Inégalité parmi les Hommes par Castillon. Amst 1756. gr. 8.

Discours sur l'Inégalité parmi les Hommes, par J. J. Rousseau. 12.

Discours sur l'Education du Dauphin, par Mad. de Genlis. Mastr. 1791. 12.

Dissertation sur l'Union de la Religion. Londr. 1742. 2 vol. 12.

Dissertation sur l'Amérique, par Pernety. Berl. 8.

Dissertation Physiologique, sur la nutrition des Foëtus considérés dans les Mamelles, & dans les Oiseaux, par Leveillé. Paris VII. gr. 8.

Dissertation Physico-Médicale, par Claude Chevalier. Paris 1758. 12.

Dissertations sur l'Incompatibilité de l'Attraction & sur les Tuyaux Capillaires, par Gerdil. Paris 1754. 12.

Dissertations Chymiques de M Pott. Paris 1759. 4 vol. 12.

Dissertations Littéraires & Philosophiques, par Gamaches. Paris 1755. 12.

Dissertations curieuses de l'Auteur inconnu. Londr. 1738.

Distribution (de la) des Maisons de Plaisance & de la Décoration des édifices en général, par J F. Blondel. Paris 1737. 2 part. 1 vol. 4.

Dixhuit Brumaire, ou Tableau des événemens de cette journée. Paris VIII. gr. 8.

Don Antonio, ou les Avantures du Comte de St. Vincent. Nouvelle Napolitaine. La Haye 1757. pet. form.

Don Carlos Infan d'Espagne, par Schiller. Trad. de l'Allemand, par Lezay. Paris VIII. gr. 8.

Don Quichotte, Trad. par Florian. Paris VII. 6 vol. avec fig. pet. form.

Dons (les) merveilleux & diversement coloriés de la Nature, dans le Regne Végétal, par Buchoz, 2 part. contenant 200 figures de différentes sortes de fleurs supérieurement coloriés. folio.

Dons (les) de Comus ou l'Art de la Cuisine. Paris 1758. 3 vol. 12.

Dot (la) de Suzette, ou Histoire de Mad. de Seneterre. Paris 1798. pet form.

Doutes sur la Langue Françoise proposés à Mess. de l'Académie. La Haye 1674. pet. form.

Doyen (le) de Killerine, Histoire Morale. Amst. 1742. 6 vol. 12.

Drames Sacrés à l'usage des Jeunes Personnes, par Mad. de Genlis. Paris 1785. avec fig 18.

Droit (le) de la Nature & des Gens, par de Puffendorf & Barbeyrac. Amst. 1734. 2 vol. grand pap. 4.

Droit (le) de la Guerre & de la Paix, par H. Grotius. Traduit, par Barbeyrac, 2 vol. 4. Amst. 1759.

Droit (le) des Gens, par Vattel. Amst. 1775. 2 vol. 4.

Droit Public (le) de l'Europe, par Mably. Amst. 1761. 3 vol. 8.

Droits (des) & des devoirs du Citoyen, par Mably. Kell 1789. 12.

Ducatiana. Amst. 1738. 2 Tom. 1 vol. 12.

Dunciade, (la) Poëme. Londr. 1776. 12.

E.

Ebauche de la Religion Naturelle, par Wollaston. La Haye 1726. 4.

Ebauche des Loix Naturelles & du droit primitif, par J. H. Strube de Piermont. Amst. 1744. 4.

Ecarts (les) de la Jeunesse. Amst. 1767 8.

Eclogues (les) de Virgile. Paris 1708. 12.

Ecole de Mars, par Guignard. Paris 1725. 2 vol. avec fig. 4.

Ecole de Cavalerie, par de la Gueriniere. Paris 1756. 2 vol. avec fig. gr 8.

Ecole du Jardin Potager. Paris 1749. 2 vol. 12.

Ecole (l') de la Miniature. Paris 1766. gr. 12.

Ecole de l'Homme. Amst. 1752. 2 vol. 12.

Ecole Dramatique de l'Homme, par de Moissy. Paris 1770 gr. 8.

Ecole (l') des Maris, Traduction de l'Anglois. Amst. 1776. 2 part. 12.

Economie (l') de la vie humaine. Amst. 1768. 8.

Economie Politique du Comte de Verri de l'Institut de Boulogne. Paris VIII gr. 8.

Ecumoire, (l') ou Tansaï & Neadarne, par Crebillon. Amst. 1756. 2 vol. 8.

Edele de Ponthieu. Paris 1723. 12.

Edelzinde, Reine des Goths. Paris 1780. 2 part. 8.

Edgar, ou le pouvoir du remord, par Sickelmore. Paris VIII 2 vol. avec fig. 12.

Edmond & Eleonora, par Marshall. Paris 1797. 3 vol. 12.

Edouard & Fanny, Anecdote Angloise du XVII. Siecle, par Vouzier. Paris 1801. avec fig. 12.

Edouard & Arabelle, ou l'éleve de l'Infortune & de l'amour, par Desforges. Paris VII. 2 vol. avec fig. 12.

Education Complette, ou Abrégé de l'Histoire Ancienne, par de Beaumont. Amst. 1802. 3 vol. pet. form.

Education (de l') des Enfans, Trad. de l'Anglois de Locke, par Coste Amst. 1776. gr. 12.

Education (de l') des Filles, par Fr. de Salignac de la Mothe-Fenelon. *Nouvelle Edition*. Paris 1800. 12.

Egaremens (les) du Cœur & de l'Esprit, ou Mémoires de Meilcour. Amst. 1765. 5 part. pet. form.

Egaremens (les) de Julie. Londr. 1776. 3 part. 12.

Egaremens (les) reparés, ou Histoire de Miss Louise Midmay. Paris 1773. 12.

Electricité (de l') du Corps Humain, par Bertholon. Paris 1786. 2 vol. avec fig. gr. 8.

Electricité (l') des Végéteaux, par Bertholon. Lyon 1783. avec fig. gr. 8.

Elégies de Tibulle, Trad. par M. de Longchamps. Paris 1777. 8.

Elégies de Properce, Trad. par Longchamps. Paris 1772. 8.

Elémens du Christianisme, par de Superville. Rott. 1797. 8.

Elémens de la Philosophie de Neuton, par de Voltaire. Amst. 1738. grand pap. gr. 8.

Elémens de Physique de 's Gravesande, par de Joncourt. Leide 1746 2 vol. avec fig. 4.

Elémens de Physique, par Sigaud de la Fond. Paris 1777. 4 vol. avec fig. gr. 8.

Elémens ou principes Phisico. Chymiques par Brisson. Paris 1800. avec fig gr. 8.

Elémens d'Histoire Naturelle & de Chymie, par Fourcroy. Paris II. 5 vol. gr. 8.

Elémens de Chymie de H. Boerhave. Amst. 1752. 2 vol. gr. 8.

——— le même ouvrage. Paris 1754. 6 vol. 12.

Elémens de Chymie, Trad. du Latin de Juncker, par de Machy. Paris 1757. 6 vol. 12.

Elémens de Chymie Théorique & Pratique. Dyon 1777. 3 vol 12.

Elémens de Pharmacie, par Beaumé. Paris 1799. 2 vol. gr. 8.

Elémens (Nouveaux) d'Odontologie, ou Anatomie de la Bouche, par l'Ecluse. Paris 1754. 12.

Elémens de la Philosophie rurale. La Haye 1767. 12.

Elémens d'Agriculture, par du Hamel du Monceau. Paris 1763. avec fig. 2 vol. 12.

Elémens (les) de l'Histoire, par de Vallemont. Paris 1758. 5 vol. 12.

Elémens d'Histoire générale, par Millot. Laus. 1797. 9 vol. 12.

——— le même ouvrage. Leide 1776. 6 vol. 12.

Elémens d'Histoire d'Angleterre, par le même. Leide 1778. 2 vol. 12.

Elémens de l'Histoire de France, par le même. Leide 1777. 2 vol. 12.

Elémens de la Politique. Londr. 1773 6 vol. gr. 8.

Elémens Philosophiques du Citoyen, par Hobbes. Amst. 1749. 12.

Elémens du Commerce. Paris 1766. 2 part. 12.

Elémens de Mathématiques, par M. Rivard. Paris 1768. 2 part. avec fig. 4.

Elémens de Mathématiques pures, par le Moine. Paris 1797. 2 vol. avec fig. gr. 8.

Elémens de Mathématiques, par Delévilleuse. Paris 1773. gr. 8.

Elémens (les) de Géométrie, par B. Lamy. Paris 1758. 12.

Elémens de Géométrie, contenant les six premiers Livres d'Euclide, par Koenig. La Haye 1758. avec fig. 4.

Elémens de Géométrie de Thomas Simpson. Paris 1755. gr. 8.

Elémens de Géométrie, avec des Notes, par le Gendre. *Troisième Edition.* Paris 1800 avec fig. gr. 8.

Elémens de Géométrie, par Clairaut. Paris 1775. gr. 8.

Elémens d'Algèbre de Saunderson. Trad. de l'Anglois, par M. E. de Joncourt. Amst. 1756. 2 vol. avec fig. 4.

Elémens d'Algèbre, par Clairault. Paris 1769. avec fig. gr. 8.

Elémens d'Algèbre, par le Blond. Paris 1768. 8.

Elémens de l'Architecture Navale, par du Hamel du Monceau. Paris 1758. avec fig. 4.

Elémens de l'Art Militaire, ancien & moderne, par Cugnot. Paris 1766. 3 vol. 12.

Elémens de Tactique, par le Blond Paris 1758. 4.

Elémens de Tactique pour la Cavallerie, par Mottin de la Balme. Paris 1776. gr. 8.

Elémens de Fortification, par le Blond Paris 1786. avec fig. gr. 8.

Elémens de Fortification, par Belair. Paris 1793. avec fig. gr. 8.

Elémens d'une Typographie qui réduit au tiers celle en usage & d'une Ecriture qui gagne près de trois quarts sur l'Ecriture ordinaire, par Pront. Paris 1797. gr. 8.

Elémens des Sciences & des Arts Littéraires. Paris 1756. 3 vol. 12.

Elémens de Littérature, Extraits de Batteux. Paris 1773. 12.

Elémens de Poësie Françoise. Paris 1752. 3 vol. pet. form.

Elémens de Musique, par d'Alembert. Lyon 1762. gr. 8.

Elémens de Mythologie, par Bassville. Amst. 1797. avec fig. 12.

Elémens de Politesse & de Bienséance. Liege 1790. 12.

Elémens de Grammaire générale appliquées à la Langue Françoise, par Sicard. Paris 1801. 2 vol. gr. 8.

Elémens (les) de la Langue Angloise, par Peyton. Londr. 1800. gr. 12.

Eleonore de Rosalba, ou le Confessional des pénitens noirs. Paris 1797. 7 vol. pet. form.

Elève (l') de la Nature. Amst. 1771. 3 part. avec fig. 12.

Elève (l') du Plaisir, par Pratt. Paris 1787. 2 part. 12.

Elisabeth Roman. Amst. 1766. 4 part. 12.

Elise, par l'Auteur du Journal de Lolotte. Metz 1801. 2 vol. 12.

Elise, ou le modèle des Femmes, Trad. de l'Allemand. Paris 1798. avec fig. 12.

Elise Dumesnil, par Montalembert. Paris 1801. 6 vol. 12.

Elite de Poësies fugitives. Londr. 1769. 5 vol. 12.

Eliza, ou Memoires de la Famille Elderland. Paris 1798. 4 vol. avec fig. 12.

Elliot, ou le Généreux Américain Amst 1788. 2 part. 8.

Eloge de la Folie d'Erasme, Trad. par Gueudeville, 1766. avec fig. 12.

Eloge de l'Enfer. Londr. 1777. avec fig. 12.

Eloge de la Ville de Moukden, par P. Amiot. Paris 1770. gr. 8.

Eloge funebre de Washington. Paris 1800 gr. 8.

Eloquence Chrétienne, par Gilbert. Amst. 1728. 6 vol. 12.

Elu (l') & Son Président. Paris 1769. 2 part. 12

Emile, ou de l'Education, par J. J. Rousseau. Amst. 1773. 4 vol. avec fig. 12.

Emile Chrétien, par Formey. Berlin 1764. 4 Tom. 2 vol. gr. 8.

Emilie & Alphonse, par l'Auteur de Adele de Senange. Paris 1799 pet. form.

Emilie de Varmont. Paris 1791. 3 vol. avec fig. pet. form.

Emmeline, ou l'Orpheline du Château. Paris 1788. 4 vol. 12.

Encore un Tableau de Paris, par Henrion. Paris VIII. 12.

Encyclopédie, ou Dictionnaire raisonné Universel des Sciences, des Arts & des Metiers. Par une Société de Gens de Lettres; mis en ordre & publié, par Diderot & d'Alembert. *Edition originale*, avec le Supplément & la Table Analytique des Matières, complet en 23 vol. discours & 12 vol. Planches. folio.

Enfans (les) éléves dans l'ordre de la Nature, par Fourcroy. Laus. 1775. 18.

Enfans (les) de l'Abbaye, par Regina Maria Roche. Paris VI. 6 vol. avec fig. 12.

Enfant (l') du Carnaval. Rome 1796. 2 vol. gr. 8.

Enlèvement (l') de Proserpine, par Merian Berlin 1767. 8.

Ensemble (de l') ou Essai sur les grands principes de l'Administration. Paris 1788. 2 vol. 8.

Entretiens Solitaires d'une Ame dévote avec son Dieu. Amst. 1745. 12.

Entretiens de Phocion. La Haye 1764. 12.

Entretiens sur la pluralité des Mondes, par Fontenelle. La Haye, 1745. 12.

Entretiens (les) des Voyageurs sur la Mer. La Haye 1740. 3 vol. avec fig. 12.

Entretiens Mathématiques, par Regnault. Paris 1743. 3 vol. 12.

Entretiens sur les vies & les ouvrages des plus excellens Peintres, par Felibien. Trevoux. 1725. 6 vol. 12.

Entretiens Drames & Contes Moraux, par la Fite. Amst. 1796 2 part. pet. form.

Entretiens (les) du Palais-Royal. Paris 1787. 2 part. 12.

Entretiens Littéraires & Galans, par du Perron de Castera. Paris 1738. 2 vol. 12.

Epithètes (les) Françoises, par Daire. Lyon 1759. 8.

Epitres, Satires, Contes, Odes & Pièces Fugitives du Poëte Philosophe. Londr. 1771. gr. 8.

Epitres diverses sur des sujets différens. Amst. 1755. 3 vol. 8.

Epoques (les) de la Nature, par de Buffon. Paris 1790. 2 vol. 12.

Epoques les plus intéressantes de l'Histoire de France, par Viard. Paris 1778. 12.

Epoux (les) malheureux, par d'Arnaud. La Haye 1771. 12.

Epreuves du Sentiment, par d'Arnaud. Mastr. 1784. 7 vol. 12.

Eraste, ou l'Ami de la Jeunesse, par Fillassier. Paris 1789. 2 vol. 8.

Erreur (l') des Désirs, par Mad. Benoist. Paris 1770. 2 part. 12.

Erreurs (les) Instructives. Londr. 1765. 3 part. 12.

Erudition Universelle & Complette, par de Bielfeld. Berl. 1768. 4 vol. 12.

Espion (l') Anglois. Londr. 1784. 7 vol. 12.

Espion François à Londres. Londr. 1780. 2 vol. 12.

Espion (l') Turc. Londr. 1742. 7 vol. 12.

Esprit (l') des Romains, ou Sentences Maximes, &c. Paris 1768. 12.

Esprit de Seneque. Brux. 1713. pet. form.

Esprit (l') de Fontenelle. La Haye 1754. 12.

Esprit (l') de Sully & Henri IV. Londr. 1787. 12.

Esprit de M. de Voltaire, & Oracle des Nouveaux Philosophes. Amst. 1760 gr. 8.

Esprit (l') de Montaigne. Londr. 1783. 2 vol. pet. form.

Esprit & Génie de Linguet. Londr. 1780. 12.

Esprit de l'Histoire générale de l'Europe, depuis l'an 476. Londr. 1783. gr. 8.

Es

Esprit des Femmes célèbres du Siecle de Louis XIV & XV. Paris 1768. 2 vol. 12.

Esprit (l') de l'Encyclopédie. Gen. 1768. 4 vol 12.

Esprit des Loix Romaines de Gravina, par Requier. Amst. 1766. 3 vol. 12.

Esprit (de l') des Loix, par Montesquieu. Amst. 1749. 2 part. 1 vol. 4.

——— le même ouvrage, 4 vol. 12.

Esprit du Chevalier Folard, par Main de Maitre. Berl. 1761. avec fig. gr. 8.

Esprit (l') des Beaux Arts. Paris 1753. 2 vol. 12.

Esprit (l') de l'Art Musical, par Blainville. Gen. 1754. gr. 8.

Esprit (l') des Esprits, ou Pensées choisies. Londr. 1784. pet. form.

Esprit (l') de Julie, par Formey. Berl. 1763. 12.

Esprit (l') dupe du Cœur, ou Histoire du Philosophe. Toulouse 1790. 12.

Esprits (les) de la Montagne, ou Annette & Fréderic. Trad. de l'Allemand de Spies. Paris VII. 12.

Esquisse d'un Tableau Historique des Progrès de l'Esprit humain, par Condorcet. Paris 1795. gr. 8.

Esquisses de la Nature, ou Voyage de Margate. Trad. de l'Anglois de Keate. Paris VII. gr. 8.

Essais (Nouveaux) sur la Bonté de Dieu de Shubb. Amst. 1732. 12.

Essai sur la Providence de Reimar. Berl. 1768. 8.

Essai sur la Providence, par Price. Yverd. 1776. 8.

Essai sur les préjugés Londr. 1770. 12.

Essai Philosophique sur le Monachisme. Paris 1775 gr. 8.

Essais de Morale, par la Placette. Amst. 1731. 6 vol. 12.

Essais de Theodicée sur la Bonté de Dieu, par Leibnitz. Amst. 1747. 2 vol. 8.

Essai Philosophique concernant l'entendement humain, par Locke. Paris 1742. 4.

——— le même ouvrage. Amst. 1774. 4 vol. 12.

Essai sur les Opérations de l'entendement humain, par Dufour. Paris 1770. 12.

Essai d'une Exposition succincte de la critique de la raison pure, par Kinker. Amst. 1801. gr. 8.

Essai Analytique sur les facultés de l'Ame, par Bonnet. Gen. 1775. 2 vol. gr. 8.

Essai de Psychologie, par Bonnet. Londr. 1755 12.

Essai de Psychologie, par Campe. Paris 1787. avec fig. 12.

Essai sur l'Origine des connoissances humaines. Amst. 1746. 2 vol. 12.

Essai sur l'Homme, par Pope. Lyon 1761. 12.

Essai sur la Critique & sur l'Homme, par Pope. Trad. de l'Anglois. Londr. 1741. grand pap. 4.

Essais de Montaigne. *Nouvelle Edition*, augmentée de son Portrait. Paris 1783. 10 vol. pet. form.

Essai sur l'Art d'observer, par B. Carrard. Amst. 1777. gr. 8.

Essai de Christallogie, par de Romé Delisle. Paris 1772. avec fig. gr. 8.

Essai sur l'Amélioration des Terres. Paris 1765. 12.

Essais Philosophiques sur les mœurs de divers animaux étrangers. Paris 1783. 12.

Essai sur l'Histoire Naturelle du Polype, par Baker. Paris 1744. 12.

Essai de Physique en forme de Lettres. Paris 1768. 12.

Essai de Physique, par Marc Auguste Pictet. Gen. 1790. gr. 8.

Essai sur les nombres approximatifs. Paris VII. gr. 8.

Essai sur la Théorie des Nombres, par le Gendre. Paris VI. 4.

Essai général de Tactique. Liege 1775. 2 vol. gr. 8.

Essai sur les grandes Opérations de la Guerre, par d'Espagnac. Paris 1755. 4 vol. 8.

Essai sur la grande Guerre de Main de Maitre, ou Instruction Militaire du Roi de Prusse pour ses Généraux. Londr. 1761. avec fig. 4.

Essai sur l'Art de la Guerre, par Turpin de Crissé. Paris 1754. 2 vol. 4.

Essai sur l'Architecture, par Laugier. Paris 1755. avec fig. gr. 8.

Essai sur la maniere la plus avantageuse de construire les machines hydrauliques, par Fabre. Paris 1783. avec fig. 4.

Essai sur l'Hygrométrie, par de Saussure. Neuchat. 1783. avec fig. 4.

Essai sur les maladies des Européens dans les Pays Chauds. Paris 1785. 2 vol. 12.

Essai sur les maladies des Gens du Monde, par Tissot. Amst. 1771. 12.

Essai sur les maladies Physiques & Morales des Femmes, par Boyveau Laffecteur. Paris. gr. 8.

Essais Historiques Littéraires & critiques, sur l'Art des Accouchemens, par Sue. Paris 1779. 2 vol. gr. 8.

Essai sur la Santé des Filles, par Venel. Yverd. 1776. gr. 8.

Essai sur les Alimens. Paris 1754. 2 vol. 12.

Essai sur la Digestion, par Batigne. Berl. 1768. 12.

Essai de la Putrefaction. Paris 1766. gr. 8.

Essai sur les Ecrouelles, par Charmettin. Avign. 1752. 12.

Essai sur la vie de Seneque. La Haye 1779. 12.

Essais Historiques sur la Morale des Anciens, par le Pileur d'Alpigny. Paris 1772. 12.

Essai sur les Regnes de Claude & de Néron. Londr. 1782. 2 vol. 12.

Essai sur l'Histoire générale des Tribunaux des Peuples, par Desessarts. Paris 1778. 6 vol. gr. 8.

Essai sur l'Histoire de la Maison d'Autriche. Paris 1778. 6 vol. 12.

Essais sur l'Histoire de la Révolution Françoise, par une Société d'Auteurs Latins. Paris 1801. 12.

Essais Historiques sur Paris, par Saintfoix. Londr. 1765. 5 vol. 12.

Essai sur les causes qui en 1649, amenerent en Angleterre l'Etablissement de la République, par Boulay de la Meurthe. Paris VII. gr. 8.

Essai sur l'Histoire Naturelle des Corallines, par J. Ellis. La Haye 1756. avec fig. 4.

Essai sur la Population de l'Amérique. Amst. 1767. 5 vol. 12.

Essais sur divers sujets intéressans de Politique & de Morale. 1760 12.

Essai sur le Despotisme, par Mirabeau. Paris 1792. gr 8.

Essais Politiques & Economiques, par Rumford. Paris 1797. gr. 8.

Essai sur la Secte des Illuminés. 1789. 8.

Essai sur l'Etat actuel de l'Administration des Finances & de la richesse nationale de la Grande Bretagne, par Gentz. Londr. 1800. gr. 8.

Essai sur le Commerce général des Nations de l'Europe, par Scrofani. Paris 1801. gr. 8.

Essai Politique sur le Commerce, par Melon. Amst. 1754. 8.

Essais de Critique sur Rollin. Amst. 1740. & Supplément. Amst. 1741. 12.

Essais sur divers sujets de Littérature & de Morale, par Trublet. Amst. 1755 4 vol. 12.

Essais sur l'Histoire des Belles Lettres, par Juvenal de Carlencas. Lyon 1757. 4 vol. 8.

Essai de Littérature à l'usage des Dames, par Dampmartin. Amst. 1794. 2 vol. gr. 8.

Essai sur les bienséances Oratoires. Paris 1753. 2 vol. 12.

Essai sur l'Allégorie, par Winckelman. Addison, Sulzer, &c. Paris VII. 2 vol. gr. 8.

Essais sur la nécessité & les moyens de plaire, par Moncrif. 1738. pet. form.

Essais de Traduction littérale Energique, par St. Simon. Amst. 2 part. gr. 8.

Essai d'une nouvelle methode pour les Regles de la Syntaxe Latine, par Poitevin. 1748. 8.

Estelle, par Florian. Paris II. pet. form.

Etat de la France, par de Boulainvilliers. Londr. 1752. 8 vol. 12.

Etat (de l') de la France, à la fin de l'an VIII. Paris 1800. gr. 8.

Etat présent des Provinces Unies, par Janiçon. La Haye 1755. 2 vol. 12.

Etat Militaire de l'Empire Otthoman, par Marsigli. La Haye 1732. 2 part. 1 vol. avec fig. folio.

Etat Civil de Bengale Mastr. 1778. 2 vol. gr. 8.

Ethocratie, ou le Gouvernement fondé sur la Morale. Amst. 1776. gr. 8.

Etourdi. (l') 1784. 8.

Etrennes (les) de l'Institut National, ou la revue Littéraire de l'an VII. Paris VII. 12.

Etrennes Anacréontiques aux graces. Paris 1776. 12.

Etrennes de Minerve aux Artistes. Paris 1772. pet. form.

Etudes de la Nature, par Bernardin de St. Pierre. Paris 1791. 8 vol. avec fig. pet. form.

Etudes (les) convenables aux Demoiselles. Paris 1789. 2 vol. 12.

Etudes de l'homme phisique & moral, par Perreau. Paris 1797. gr. 8.

Eugenie & ses Elèves, par Mad. de la Fite. Amst. 1787. 2 part. 12.

Euphemie, ou la Triomphe de la Religion, par d'Arnaud. Paris 1768. 8.

Evelina, ou l'entrée d'une jeune Personne dans le monde. Mastr. 1789. 3 vol. 12.

Examen de soi même, pour se bien préparer à la Communion, par Claude. Amst. 1767. 12.

Examen critique de la Vie & des ouvrages de St. Paul, par Boulanger. Londr. 1770. 12.

Examen des défauts Théologiques. Amst. 1744. 2 vol. 12.

Examen de l'évidence intrinséque du Christianisme par Jennyns. Londr. 1776. 12.

Examen du Matérialisme, par Bergier. Paris 1771. 2 vol. 12.

Examen des Faits, par l'Abbé François. Paris 1767. 3 vol. 12.

Examen de la poudre, par de Flavigny. Amst. 1773. gr. 8.

Examen critique de la Doctrine & des procédés du Citoyen Sacombe dans les accouchemens. Paris VII. gr. 8.

Examen de la Constitution de France de 1799. Londr. 1800. gr. 8.

Excursion (l') ou l'Escapade, par Mad. Brooke. Laus. 1778. 12.

Exemple singulier de la vengeance d'une femme, ouvrage posthume de Diderot. Londr. 1793. 12.

Exercice (de l') du Ministère Sacre, par Ostervald. Amst. 1737. 2 part. 8.

Exercices de Piété & Prieres à l'édification particuliere des Chrétiens éclairés & vertueux, par Zollikoffer, Trad. de l'Allemand, par Dumas. Amst. 1791. gr. 8.

Existence (l') & la Sagesse de Dieu, par Ray. Utr. 1729. 8.

Existence (l') de Dieu, par Nieuwentyt. Amst. 1760. avec fig. 4.

Expédition (de l') de Cyrus. Paris 1777. gr. 8.

Expériences (Nouvelles) & Observations Physiques, par Ingenhousz. Paris 1789. avec fig. 2 vol. gr. 8.

Expériences & Observations sur l'Air, par Priestly. Paris 1775. 9 vol. avec fig. 12.

Expériences sur l'Electricité, par Jallabert. Paris 1749. 8.

Expériences & Observations sur l'Electricité, par Franklin. Paris 1756. 2 vol. 8.

Explication des Coutumes & Cérémonies des Romains, par Nieupoort. Paris 1741. 12.

Explication du Flux & Reflux. Paris 1749. 4.

Explication Historique des Fables, par Banier. Paris 1742. 3 vol. 12.

Exploitation (de l') des Bois, par du Hamel du Monceau. Paris 1764. 2 vol. avec fig. 4.

Exposé des Opérations faites en France en 1787. pour la jonction des observatoires de Paris & de Greenwich, par Cassini. 4.

Exposé de différentes cures opérées. Strasb. 1787. gr. 8.

Exposition du Systhême du Monde, par la Place. Paris 1797. 2 vol. 8.

Exposition des découvertes Philosophiques de Newton, par Maclaurin. Paris 1749. 4.

Exposition Abregée des Loix. Paris 1751. gr. 8.

Extrait du Dictionnaire Historique & Critique de Bayle. Berlin 1765. 2 vol. 8.

F.

Fable (la) des Abeilles, ou les frippons devenus honnêtes gens. Londr. 1740. 4 vol. 8.

Fables Egyptiennes (les) & Grecques, par A. J. Pernetty. Paris 1786. 2 vol. 8.

Fables de Phèdre, en Latin & en François. Amst. 1769. gr. 8.

Fables (Cent) de Faerne, Traduit par Perrault. Londr. 1743. avec fig. 4.

Fables & Oeuvres diverses de l'Abbé Aubert. Paris 1774. 2 vol. gr. 8.

Fables Nouvelles, par l'Abbé Aubert. Paris 1764. 2 part. 12.

Fables, par Boisard. Paris 1779. 2 vol. avec fig. gr. 8.

Fables de Florian. Brux. 1796. 12.

Fables choisies de la Fontaine. La Haye 1688. 2 part. avec fig. 12.

—— le même ouvrage. Paris 1746. 2 vol. avec fig.

—— le même ouvrage. Paris 1790. 2 part. 12.

Fables Nouvelles, par Grozelier. Paris 1760 & 1768. 2 vol. 12.

Fables Nouvelles, par de la Motte. Paris 1719. avec fig. 4.

Fables de Mancini Nivernois. Paris 1797. 2 vol. 12.

Fables de M. Gay, Trad. par Mad. de Keralio. Paris 1759. 12.

Fables de Lessing. Paris 1764. 12.

Fastes (les) de Louis XV. 1782 2 vol. 12.

Farce de Maitre Pierre Pathelin avec son Testament à quatre personnages. Paris 1713. 12.

Fathom & Melvil, par Smollet. Paris 1798. 4 vol. 12.

Faublas moderne, ou avantures d'un Suisse. Paris 1801. 2 vol. avec fig. 12.

Faux (le) Ami drame par Mercier. Paris 1772. grand pap. avec fig 8.

Faux (le) Ami. Paris 1800. 4 vol. avec fig. 12.

Fayel & Merinval, Tragédies de d'Arnaud. Paris 1777. grand pap. avec superbes fig. 8.

Félicité (de la) publique. Bouillon 1776. 2 vol. gr. 8.

Félicia, ou mes Fredaines. 1778. 4 part. 12.

Femmes (les) Militaires. Amst. 1736. pet form.

Fictions Morales, par Mercier. Paris 1792. 3 vol. gr. 8.

Fille (la) du Hameau, par l'Auteur des Enfans de l'Abbaye. Paris 1801. 3 vol. avec fig. 12.

Fille (la) trouvée, ou la Sympathie Paternelle. Liege 1777. 12.

Fille (la) Naturelle. La Haye 1769. 2 part. 12.

Filles (les) du Palais-Royal. Londr. 1792. 3 part. 12.

Fils (le) Naturel. Gen. 1789. 2 vol. 12.

Financier, (le) Citoyen. 1757. 2 part. 12.

Fleur d'Epine, Conte. 1762. 12.

Folie Espagnole, par Pigault le Brun. Paris 1801. 4 vol. avec fig. 12.

Fonte (de la) des Mines, par Hellot. Paris 1764. 2 vol. avec fig. 4.

Forêt, (la) ou l'Abbaye de St. Clair. Paris 1798. 4 vol. avec fig. 18.

Fortification nouvelle, par Pfeffinger. La Haye 1740. avec fig. gr. 8.

Fragmens de Politique & de Littérature suivis d'un voyage à Berlin, par Mandrillon. Paris 1788. gr. 8.

Fragmens choisis d'Eloquence. Avign. 1755. 2 vol. 12.

Francs-Maçons (les) écrasés. Amst. 1747. avec fig. 8.

Frédéric, par l'Auteur de la Dot de Suzette. Paris VII. 3 vol. avec fig. 12.

Frédric Latimer, ou Histoire d'un jeune Homme à la mode. Paris 1801. 2 vol. avec fig 12.

G.

Gaité d'un Batard de Mirabeau, Eloge du pou, de la boue & de la paille. Paris VII. pet. form.

Galathé, Roman Pastoral, imité de Cervantes, par de Florian. Brux. 1789. pet. form.

Galerie Philosophique du seizième Siecle, par Mayer. Londr. 1783. 2 vol. 12.

Galerie des Portraits. Paris 1769. 8.

Galerie de l'Ancienne Cour. Mastr. 1787. 3 vol. 12.

Galerie (la) des Etats-Généraux & des Dames Françoises. 1790. 3 part. gr. 8.

Génération, (la) Traduite de la Physiologie de Haller. Paris 1774. 2 vol. gr. 8

Généreux (le) Américain. Amst. 1788. 2 part. 8.

Génie de Buffon. Paris 1778. 12.

Gentilhomme (le) Cultivateur. Paris 1762 à 1766. 8 vol. avec fig. 4.

——— le même ouvrage. 16 vol. 12.

Géographe (le) Manuel, par Expilly. Paris 1783. avec Cartes Géogr. 12.

Géographie des Grecs analysée. par Gosselin. Paris 1790. 4.

Géographie Physique, ou Essai sur l'Histoire Naturelle de la Terre, Trad. de l'Anglois de Woodward, par Nogues. Paris 1735. 4.

——— le même ouvrage. Amst. 1735. gr. 8.

Géographie Pratique, par Chamereau. Amst. 1715. avec fig. 4.

Géographie Moderne, par A. du Bos. La Haye 1736. avec un grand nombre de Cartes 4 vol. 4.

Géographie de Busching, Trad. par Berenger. Laus. 1776. 12 vol. gr. 8.

Géographie Universelle, par Descombes. Laus. 1790. 4 vol. gr. 8.

Géographie Universelle, par Robert. Paris 1772. 2 vol. 12.

Géographie Moderne, par Nicolle la Croix. Riom 1800. 2 vol. 12.

Géographie (Cours de) Elémentaire, par Ostervald. Neuchat. 1787. 2 vol. 12.

Géographie des Enfans, par Lenglet du Fresnoy. Amst. 1754. 8.

Géographie enseignée par une Methode nouvelle, par Mentelle. Paris IV. avec Cartes. 12.

Géometrie de l'Arpenteur, par Doyen. Paris 1769. avec fig. gr. 8.

Géorgiques (les) de Virgile, Traduction nouvelle en vers François, avec des Notes, par Delille. Paris 1769. avec de très belles gravures, 8.

—— le même ouvrages, sans fig. Liege 1770. 12.

Gernance, ou la force des Passions, par Rosny. Paris VI. avec fig. pet. form.

Giron, (M.) Nederduitsch en Italiaansch Woordenboek. Amst. 1710. 2 *deelen*, 4.

Gonzalve de Cordoue, par Florian. Paris III. 3 vol. avec fig. pet. form.

Gouttes (les) Glaciales Helvétiques, par Langhans. Gen. 1759. 8.

Gouvernement (du) des Mœurs. Laus. 1784. gr. 8.

Grammaire des Sciences Philosophiques. Paris 1764. gr. 8.

Grammaire (Principes de la) Françoise, par Restaut. Paris 1794. 12.

Grammaire (Principes de la) Françoise, par Wailly. Paris 1786. 12.

Grammaire des Dames, ou Traité d'Ortographie, par Barthelemy. Gen. 1785. gr. 8.

Grammaire Espagnole, par Sobrino. Lyon 1777. 12.

Grammaire Françoise & Portugaise, par Siret. Paris VIII. gr. 8.

Grammaire Italienne, par Veneroni. Lyon 1792. gr. 8.

Grammaire (Nouvelle) Angloise, par Robinet. Amst. 1794. 12.

Grammaire (Nouvelle) Françoise Angloise, par Miege & Boyer. Amst. 1791. 12.

Grammaire Françoise, (*Complete French Master*) par Boyer. Brux. 1795. gr. 8.

Grammaire Allemande de J. G. Gottsched. Strasb. 1798. gr. 8.

Grammaire Hollandoise de P. la Grue. Amst. 1704. 12.

Grammaire Françoise & Hollandoise, par Pepliers. Amst. 1798. 12

Grammaire Hollandoise, par E. Zeydelaar. Utr. 1792. 8.

Grand (le) Trictrac. Avign. 1756. 12.

Grelot, (le) ou les &c. &c. &c. Londr. 1781. 18.

Grigri, Histoire Véritable. Londr. 1782. 18.

Guerre de Troye, trad. par Tourlet. Paris 1800. 2 vol. gr. 8.

Guerre Seraphique. La Haye 1740. 12.

Guerre (la) des Dieux, par Parny. Paris 1799. 12.

Guide (le) des Jeunes Mathématiciens. Paris 1765. gr. 8.

Guide du Maréchal, par la Fosse. Paris 1767. avec fig gr. 8.

Guide (le) des Meres, ou maniere d'allaiter les Enfans, par Smith. Paris VIII. pet. form.

Guide du Négociant, par Grauman. Amst. 4.

Guide (le) d'Amsterdam, ou description exacte de cette Ville, enrichie de figures qui répésentent ses Edifices publics. Amst. gr. 8.

Guide du Fermier. Paris 1770. 2 part. 12.

H.

Harangues d'Eschine & de Demosthène, par l'Abbé Millot. Lyon 1764. 12.

Harangues choisies des Historiens Latins, par l'Abbé Millot. Lyon 1764 3 vol. 12.

Harcourt, (d') ou l'Heritier supposé. Paris 1798. 3 vol. 12.

Hau-kiou choan, Histoire Chinoise. Lyon 1766. 4 vol. 12.

Hazard (le) du coin du Feu, par Crebillon le Fils. La Haye 1763. 12.

Henriade, (la) par Voltaire. Amst. 1769. 12.

Henriade (la) travestie en vers Burlesques. La Haye 1774. 8.

Henriette de Gerstenfeld. Gen. 1789. 2 vol. 8.

Henriette, Trad. de l'Anglois. Amst. 1760. 2 vol. 12.

Henry Bennet & Julie Johnson. Paris 1794. 5 vol. pet. form.

Heptameron François, ou Nouvelles de Marguerite de Valois, Reine de Navarre. Berne 1781. 3 vol. avec fig. 8.

Herbier Moral, ou Recueil de Fables, Nouvelles & autres Poësies fugitives, par Genlis. Paris VIII. 12.

Herman d'Una. Laus. 1792. 2 vol. 12.

Herman & Dorothée, par Goethe, Trad. par Bitaubé. Paris 1800. 12.

Herman & Emilie, Trad. d'Aug. la Fontaine. Paris 1802. 4 vol. 12.

Hermina, ou les Montagnes de Cheviot. Paris 1801. 3 vol. avec fig. 12.

Héros (le) de Balthazar Gracian, Trad. par le Pere de Courbeville. Paris 1729. 12.

Histoire du V. & N. Testament. Amst. chez Mortier 1700. 2 vol. grand pap. avec fig. folio.

Histoire du V. & du N. Testament, avec des fig. & des explications, par le Sr. de Royaumont. Paris 1712. folio.

——— le même ouvrage, sans fig. 12.

Histoire de la Bible, par D. Martin, avec plus de 350 fig. en taille-douce. Amst. 1724. 4.

Histoire Sacrée en Tableaux, par Brianville. Brux. 1725. avec fig. 12.

Histoires choisies de l'ancien Testament en Latin & en François. Brux. 1751. 12.

Histoires (deux fois cinquante-deux) choisies de la Bible, par Jean Hubner. Leide 1798. 12.

Histoire de la Sainte Ecriture en forme de Catéchisme. Amst. 1742. avec fig. 12.

——— le même ouvrage. Franç. & Holl. 12.

Histoire de la Passion de Jésus-Christ, par J. Francillon. Gen. 1779. gr. 8.

Histoire des Juifs & des Peuples voisins, par Prideaux. Paris 1755. 2 vol. avec fig. 4.

——— le même ouvrage. 6 vol. avec fig. 12.

Histoire des Juifs, par Basnage. La Haye 1716. 15 Tom. 14 vol. 12.

Histoire (l') & la Religion des Juifs, par Basnage. Rott. 1707. 5 vol. 12.

Histoire du Peuple de Dieu, depuis son origine jusqu'à la naissance du Messie, par le Pere Berruyer. Paris 1742. 23 vol. 12.

——— le même ouvrage. 13 vol. 4.

Histoire du Peuple d'Israël, par J. L Maizonnet. Dordr. 1778. 5 vol. 8.

Histoire Ecclésiastique, par J. L. Mosheim. Mastr. 1776. 6 vol. gr 8.

Histoire de l'Eglise, par Basnage. Rott. 1699. 2 vol. 4.

Histoire générale de la Religion, par Baudier. Rouen 1641. 12.

Histoire de l'Eglise, par Eusèbe. Paris 1686. 4 vol. 12.

Histoire des ordres Monastiques, religieux & militaires. Douay 1714. 4 vol avec fig. 4.

Histoire critique de Manichée & du Manichéisme, par de Beausobre. Amst. 1734. 2 vol. 4.

Histoire du Concile de Constance, par J. l'Enfant. Amst. 1727. 2 vol. avec fig. 4.

Histoire du Concile de Pise, par l'Enfant. Amst 1724. 2 vol. avec fig. 4.

Histoire de la Guerre des Hussites & du Concile de Basle, par J. l'Enfant. Amst. 1731. 2 vol. 4.

Histoire générale des Dogmes & opinions Philosophiques. Londr. 1769. 3 vol. 12.

Histoire des Papes. La Haye 1732. 5 vol. 4.

Histoire de l'Etablissement des moines mendians. Avign. 1767. 12.

Histoire de la Religion des Eglises reformées, par Basnage. Rott. 1725. 2 vol. 4.

Histoire des Variations des Eglises Protestantes, par J. B. Bossuet. Paris 1740. 4 vol. 12.

Histoire de la Reformation des Pais-Bas de G. Brandt. La Haye 1726. 2 vol. 12.

Histoire de la Reformation de la Suisse, par Ruchat. Gen. 1727. 3 vol. 12.

Histoire générale des Eglises Evangéliques des Vallées du Piemont, ou Vaudoises, par Louis Leger. Lyon 1660. avec fig. folio.

Histoire des Vaudois. Paris 1796. 2 part. 1 vol. gr. 8.

Histoire de la Conversion du Comte de Struensée. Amst. 1774. 2 part. gr. 8.

Histoire de la Religion des Banians. 1667. 12.

Histoire de l'Idolatrie Payenne, par Dulignon. Amst. 1753. gr. 8.

Histoire des ordres Militaires, ou des Chevaliers, avec des figures qui représentent les habillemens de tous ces ordres. Amst. 1721. 4 vol. 8.

Histoire des Chevaliers Hospitaliers de St. Jean de Jerusalem, par l'Abbé Vertot; avec les Portraits de tous les Grand Maîtres de cet Orde, &c. Paris 1726. 4 vol. 4.

—— le même ouvrage. 7 vol. 12.

Histoire de l'ordre Militaire des Templiers. Brux. 1751. 4.

Histoire Universelle de Diodore de Sicile, par Terrason. Amst. 1780. 7 vol. 12.

Histoire Universelle de Justin, par l'Abbé Paul. Paris 1774. 2 vol. 12.

Histoire Universelle de Jacques-Auguste de Thou. La Haye 1740. 11 vol. 4.

Histoire Universelle, depuis le commencement du monde jusqu'à nos jours; Trad. de l'Anglois d'une Société de Gens de Lettres, avec les Cartes & Figures nécessaires pour l'intelligence de cet ouvrage. *Edition originale d'Amsterdam.* 43 vol. 4.

Histoire Universelle, Trad. de l'Allemand de Schroeck. La Haye 1800. 2 vol. 12.

Histoire Ancienne, par Rollin. Amst. 1772. 13 vol. 12.

—— le même ouvrage. 6 vol. 4.

Histoire des différens Peuples du Monde, par C. Dorville. Paris 1770. 5 vol. gr. 8.

Histoire du Commerce & de la Navigation des Anciens, par M. Huet. Lyon 1763. gr. 8.

Histoire de la Fondation des Colonies des Anciennes Republiques. Utr. 1778. gr. 8.

Histoire de Grèce, Trad. de l'Anglois de Temple Stanyan. Amst. 1744. 3 vol. 12.

Histoire de Thucydide, Trad. par Perrot d'Ablancourt. Amst. 1713. 3 vol. 12.

Histoire d'Epaminondas, par Seran de la Tour. Leide 1741. 12.

Histoire d'Hérodote, par Larcher. Paris 1786. 7 vol. gr. 8.

Histoire de Pyrrhus, Roi d'Epire. Amst. 1749. 2 vol. 12.

Histoire de Polybe, par Folard. Amst. 1774. 7 vol. avec fig. 4.

Histoire de l'Origine des progrès & de la décadence des

Sciences dans la Grèce, par Meiners. Paris VII. 5 vol. gr. 8.

Histoire de Tertullien & d'Origenes, par de la Motte Paris 1676. 12.

Histoire Romaine de Tite-Live, Trad. par Guerin. Paris 1770. 11 vol. 12.

Histoire Romaine, depuis la Fondation de Rome, jusqu'à la Bataille d'Actium, par Rollin. Amst. 1742—1749. 16 vol. 12.

——— le même ouvrage. Edition de Paris. 8 vol. 4.

Histoire des Empereurs Romains, par Crevier. Amst. 1750. 12 vol. 12.

——— le même ouvrage. Paris 1752. 6 vol. 4.

Histoire de la Décadence & de la chute de l'Empire Romain, par Gibbon. Paris 1788. 18 vol. gr. 8.

Histoire de la Republique Romaine, par Salluste. Dyon 1777. 3 vol. grand pap. folio.

Histoire des Revolutions arrivées dans le Gouvernement de la Republique Romaine, par Vertot. Paris 1754. 3 vol. 12.

——— le même ouvrage. La Haye 1734. 4.

Histoire des Revolutions de l'Empire Romain, par Linguet. Paris 1777. 2 vol. 12.

Histoire des douze Césars de Suetone, Trad. par de la Pause. Paris 1771. 4 vol. gr. 8.

Histoire de l'Empereur Jovien, par de la Bletterie. Paris 1748. 2 vol. 12.

Histoire de Philippe & d'Alexandre le Grand, par de Bury. Paris 1760. 12.

Histoire Secrette de Néron, par Lavaur. Paris 1726. 2 vol. 12.

Histoire de Scipion l'Africain, par S ran de la Tour. Paris 1752. 12.

Histoire (l') d'Hercule le Thebain. Paris 1758. gr. 8.

Histoire de Ciceron avec des remarques, par Morabin. Paris 1763. 2 vol. 4.

Histoire de Ciceron, par Prevost. Paris 1749. 5 vol. 12.

Histoire de Ciceron, tirée de ses écrits, par Middleton. Paris 1749. 4 vol. 12.

Histoire des discours de Ciceron. Paris 1765. 12.

Histoire des deux Triumvirats. Amst. 1719. 4 vol. 12.

Histoire de la Jurisprudence Romaine, par A. Terrasson. Paris 1750. folio.

Histoire du Tribunat de Rome. Paris 1774. 2 vol. 8.

Histoire du Calendrier Romain, par Blondel. La Haye 1684. 12.

Histoire des Celtes, par Pelloutier. Paris 1770. 8 vol. 12.

Histoire des Druses, par Puget de St. Pierre. Paris 1763. avec fig. 12.

Histoire du Bas Empire, par le Beau. Paris 1757 à 1776. 24 vol. 12.

Historie des Conjurations, Conspirations & Revolutions célebres, par du Port du Tertre. Paris 1757. 10 vol. 12.

Histoire Moderne, ou suite à l'Histoire Ancienne de Rollin, par Richer. Paris 1771—1778. 30 vol. 12.

Histoire Universelle du seizieme Siecle, par Linguet. Paris 1769. 2 vol. 12.

Histoire générale des Guerres, par le Chevalier d'Arcq. Paris 1756. 2 vol. 4.

Histoire des anciens Traités, par Barbeyrac. Amst. 1739. 2 part. 1 vol. folio.

Histoire des Traités de Paix & autres Négociations du dix-septième Siecle, depuis la Paix de Vervins, jusqu'à la Paix de Nimegue. Amst. 1725. 2 vol. folio.

Histoire de la Papesse Jeanne. La Haye 1758. 2 vol. avec fig. 12.

Histoire des Huns, par Deguignes. Paris 1756. 5 vol. 4.

Histoire générale des Royaumes de Chypre, Jérusalem, &c. Leide 1785. 2 vol. 4.

Histoire de l'Empire Othoman, par D. Cantemir. Paris 1743. 2 vol. 4.

—— le même ouvrage. 4 vol. 12.

Histoire de Constantinople, par Cousin. Paris 1685. 9 Tom. 8 vol. 12.

Histoire des Revolutions de Constantinople, par de Burigny. Paris 1750. 3 vol. 12.

Histoire de la Vie de Mahomet, par Turpin. Paris 1779. 3 vol. 12.

Histoire des Revolutions de l'Empire des Arabes, par Marigny. Paris 1750. 4 vol. 12.

Histoire Généalogique des Tatars. Leide 1726. avec des Cartes Geographiques. 12.

Histoire du Royaume d'Alger, par Tassy. Amst. 1725. avec fig. 12.

Histoire des Revolutions de l'Empire de Maroc. Amst. 1731. 12.

Histoire des Etats Barbaresques qui exercent la Piraterie. Paris 1757. 2 vol. 12.

Histoire de Saladin, Sultan d'Egypte, par Marin. La Haye 1758. 2 vol. 8.

Histoire de Timurbec. Delft 1723. 4 vol. 12.

Histoire de Russie, par Levesque. Yverd. 1783. 6 vol. 12.

Histoire des Revolutions de l'Empire de Russie, par Lacombe. Amst. 1778. 12.

Histoire de l'Empire de Russie, sous Pierre le Grand. Amst. 1764. 2 vol. gr. 8.

Histoire de la Guerre entre la Russie & la Turquie en 1769. Petersb. 1773. avec des Cartes. 4.

Histoire du Commerce de la Russie, par J. B. Scherer. Paris 1788. 2 vol. gr. 8.

Hitoire de Pierre III., Empereur de Russie. Paris 1798. 3 vol. avec fig. gr. 8.

Histoire Naturelle de l'Islande, de M. Anderson. Paris 1750. 2 vol. avec fig. 12.

Histoire de Dannemarc, par Mallet. Coppenh. 1758. 2 vol. 4.

Histoire de Suede, par Puffendorf. Amst. 1732. 3 vol. 12.

Histoire de la derniere Revolution de Suede, par Sheridan. Londr. 1783. 12.

Histoire de Gustave-Adolphe, Roi de Suede. Amst. 1764. 4 vol. 12.

Histoire de Charles XII. par Nordberg. La Haye 1748. 3 vol. 4.

Histoire de Charles XII. par Voltaire. Gen. 1768. 4.

Histoire générale de Pologne, par de Solignac. Paris 1750. 5 vol. 12.

Histoire de Jean Sobieski, par l'Abbé Coyer. Amst. 1762. 4 vol. 8.

Histoire de la prétendue Revolution de Pologne, par Mehée. Paris 1792. gr. 8.

Histoire de l'Empire, par Heiss. Amst. 1731. 8 vol. 12.

Histoire du Regne de l'Empereur Charles V, par Robertson. Amst. 1771. 2 vol. 4.

——— le même ouvrage. Amst. 1771. 6 vol. 12.

His-

Histoire du Traité de Westphalie, par Bougeant. Paris 1751. 6 vol. 12.

——— le même ouvrage. Paris 1767. 3 vol. 4.

Histoire du Traité de Paix des Pyrénées. Paris 1750. 2 vol. 12.

Histoire de Frédric Guillaume I Roi de Prusse. Amst. 1741. 2 vol. 12.

Histoire des Principaux Evénemens du Regne de Frédric Guillaume II Roi de Prusse, par Segur. Paris 1801. 3 vol. gr. 8.

Histoire Secrette de la Cour de Berlin. Londr. 1788. 3 vol. gr. 8.

Histoire de Hesse, par Mallet. Paris 1770. 2 vol. gr. 8.

Histoire Militaire du Prince Eugène de Savoye. La Haye 1729. 3 vol. grand pap. avec fig. folio.

Histoire du Prince Eugène de Savoye. Vienne 1770. 5 vol. gr. 12.

Histoire de Maurice Comte de Saxe, par d'Espagnac. Paris 1773. 2 vol. 12.

Histoire de l'avènement de la Maison de Bourbon au Trône d'Espagne, par Targe. Paris 1772. 6 vol. 12.

Histoire générale d'Espagne, par Mariana. Paris 1725. 5 vol. 4.

Histoire des Revolutions d'Espagne, par d'Orleans. Paris 1734. 3 vol. 4.

Histoire du Regne de Philippe II, par Watson. Amst. 1777. 4 vol. 12.

Histoire de Ferdinand Alvarez, premier du nom Duc d'Albe. Paris 1699. 2 Tom. 1 vol. 12.

Histoire générale de Portugal, par le Quien de la Neufville. 2 vol. Paris 1700. 4.

Histoire générale de Portugal, par la Clede. Paris 1735. 8 vol. 12.

Histoire des Revolutions de Portugal, par de Vertot. Paris 1768. avec fig. 12.

Histoire de France, par Velly, Villaret & Garnier. Paris. 28 vol. 12.

——— le même ouvrage. Paris 1770. 15 vol. 4.

Histoire de France, depuis la mort de Louis XIV, jusqu'à la Paix de 1763. par C. Fantin. Paris 1789. 8 vol. 12.

Histoire de France, à l'usage des Jeunes Gens de Qualité. Francf. 1767. gr. 8.

Histoire de l'Etablissement de la Monarchie Françoise dans les Gaules, par l'Abbé Dubos. Paris 1734. 3 vol. 4.

Histoire des Guerres Civiles de France, Trad. de Davila. Amst. 1757. 4 vol. 4.

Histoire de Monsieur de Thou, des choses arrivées de son temps, par du Ryer. Paris 1659. 6 vol. folio.

Histoire de l'Edit de Nantes. Delft 1693. 5 vol. 4.

Histoire de la Milice Françoise, par Daniel. Amst. 1724. 2 vol. avec fig. 4.

Histoire de Charles VI, Roi de France, par M. le Laboureur. Paris 1663. 2 vol. folio.

Histoire Militaire de Louis le Juste, par de St. Genies. Paris 1755. 2 vol. 12.

Histoire de François premier, par M. Gaillard. Paris 1766. 7 vol. 12.

Histoire de Louis XI. par Duclos. La Haye 1750. 3 vol. 12.

Histoire du Regne de Louis XIV. par Reboulet. Avign. 1744. 2 vol. 4.

Histoire Militaire de Louis le Grand. Paris 1726. 7 vol. avec fig. 4.

Histoire en Abrégé de Louis le Grand, par Rabutin. Paris 1699. 12.

Histoire Littéraire de Louis XIV. par Lambert. Paris 1751. 3 vol. 4.

Histoire de la Vie de Henri IV. par de Bury. Paris 1766. 4 vol. avec les Portraits. 12.

Histoire de la Minorité de Louis XV. par Massillon. Paris 1792. gr. 8.

Histoire de Jean de Bourbon, Prince de Carency, par d'Aulnoy. Paris 1729. 2 vol. 12.

Histoire de Tancrede de Rohan. Liege 1767. 12.

Histoire de Bertrand du Guesclin, par de Berville. Paris 1767. 2 vol. 12.

Histoire du Cardinal Mazarin, par Auberi. Amst. 1751. 4 vol. 12.

Histoire du Cardinal de Polignac, par Faucher. Paris 1777. 2 vol. 12.

Histoire du Vicomte de Turenne. Amst. & Leipzig 1771. 4 vol. 8.

Histoire Littéraire des Troubadours, par Millot. Paris 1774. 3 vol. 12.

Histoire des Camisards. Londr. 1744. 2 vol. 12.

Histoire des troubles de Cevennes, ou de la guerre des Camisards. Villefranche 1763. 3 vol. 12.

Histoire de la derniere guerre & des Négociations, par Massuet. Amst. 1736. 2 vol. 12.

Histoire Secrette de Bourgogne. Paris 1714. 2 vol. 12.

Histoire de la Ville de Paris. Paris 1735. 5 vol. avec des plans. 12.

Histoire du Parlement de Paris. 1769. gr. 8.

Histoire de la Ville de Rouen. Rouen 1730. 2 vol. 4.

Histoire de la Rivalité de la France & de l'Angleterre, par Gaillard. Paris 1771. avec le Supplément. 7 vol. 12.

Histoire de la Sorbonne, par Duvernet. Paris 1791. 2 vol. 12.

Histoire Nationale. Paris 1791. 5 vol. avec fig. 12.

Histoire de la Revolution Françoise, par Bertrand de Molleville. Paris 1801. 5 vol. gr 8.

Histoire de la République Françoise, par Fantin Desodoards. Paris 1798. 6 vol. gr. 8.

Histoire du Directoire executif de la République Françoise. Paris 1801. 2 vol. gr. 8.

Histoire du Général Pichegru. Paris 1802. avec Portrait. 12.

Histoire de la Conjuration de Philippe d'Orleans. Paris 1796. 3 vol. gr. 8.

Histoire d'Angleterre, par Rapin Thoyras. La Haye 1749. 16 vol. 4.

Histoire d'Angleterre, par G. Burnet. La Haye 1735. 2 vol. avec fig. 4.

Histoire complette d'Angleterre, Trad. de l'Anglois de Smollet, par Targe. Paris 1764. 10 vol. 12.

Histoire complette d'Angleterre sous les Maisons de Plantagenet, de Tudor & de Stuart, par Hume, Trad. de l'Anglois. Paris 1763. 18 vol. 12.

——— le même ouvrage. 7 vol. 4.

Histoire d'Angleterre de J. Barrow. Paris 1771. 8 vol. 12.

Histoire Navale d'Angleterre, par Lediard. Lyon 1751. 3 vol. 4.

Histoire (Nouvelle) d'Angleterre, en François & en Anglois, par demandes & par reponses. Londr. 1767. 12.

Histoire d'Ecosse, par Robertson. Paris 1785. 3 vol. 12.

Histoire du Ministère du Chev. R. Walpool. Amst. 1764. 3 vol. 12.

Histoire de la Rebellion d'Angleterre, par Edward Comte de Clarendon. La Haye 1704. 6 vol. 12.

Histoire de la Revolution & de la contre Revolution d'Angleterre, par Millon. Paris VII. gr. 8.

Histoire de Naples, par Giannone. La Haye 1742. 4 vol. 4.

Histoire de Jeanne I Reine de Naples. Paris 1764. 12.

Histoire du Mont Vesuve, par Duperron de Castera. Paris 1741. 12.

Histoire générale de Sicile, par de Burigny. La Haye 1745. 2 vol. 4.

Histoire de Venise, par Laugier. Paris 1759. 12 vol. 12.

Histoire de la derniere Revolution de Gênes. Gen. 1758. 2 vol. avec une Carte. 12.

Histoire de la Republique de Gênes. Paris 1742. 3 vol. 12.

Histoire de la Revolution de Gênes. Paris 1797. pet. form.

Histoire des Revolutions de Corse, par de Germanes. Paris 1771. 2 vol. 12.

Histoire des Ligues & des Guerres de la Suisse. Zurich 1766. 2 vol. 12.

Histoire de Geneve, par Spon. Geneve 1730. 2 vol. 4.

Histoire Littéraire de Geneve, par Jean Senebier. Gen. 1786. 3 vol. gr. 8.

Histoire des Provinces-Unies des Pays-Bas, par le Clerc. Amst. 1723. 4 vol. folio.

Histoire des Provinces-Unies, par de Wicquefort. La Haye. 3 vol. folio.

Histoire de la Hollande, par de la Neuville. Paris 1703. 4 part. 2 vol. 12.

Histoire de la République des Provinces-Unies depuis son Etablissement jusqu'à la mort de Guillaume III. La Haye 1704. 4 vol. 12.

Histoire générale des Pays-Bas, ou description de XVII. Provinces Belgiques. Brux. 1743. 4 vol. avec fig. 8.

Histoire Métallique des XVII. Provinces des Pays-Bas, par van Loon. La Haye 1732. 5 vol avec fig. folio.

Histoire Métallique de la République de la Hollande, par Bizot. Amst. 1688. 3 vol. avec fig. gr. 8.

Histoire de la Guerre des Bataves & des Romains, par le Marquis de St. Simon. Amst. 1770. grand pap. avec fig. folio.

Histoire de la Guerre de Flandre de F. Strada, Trad. par du Ryer. Anv. 1705. 3 vol avec fig. 12.

Histoire des Guerres de Flandre, par le Cardinal Bentivoglio. Paris 1770. 4 vol. 12.

Histoire du Stadhouderat, par Raynal. Paris 1750. 2 vol. 8.

Histoire de F. G Friso, Prince d'Orange. Leeuw. 1715. 2 vol. avec fig. 8.

Histoire de Guillaume III. par Samson. La Haye 1703. 3 vol. avec fig. 12.

Histoire du Congrès & de la Paix d'Utrecht. Utr. 1716. 12.

Histoire de la Campagne des Prussiens en Hollande, par Pfau. Berl. 1788. avec fig. 4.

Histoire générale des Voyages. Amst. 1749. 25 vol. avec plus de 800 Cartes & Figures. 4.

Histoire des découvertes faites par divers savans Voyageurs. Berne 1779. 4 vol. avec fig. gr. 8.

Histoire Philosophique & Politique des Etablissemens dans les deux Indes, par Raynal. Gen. 1781. 10 vol. gr. 8. avec l'Atlas. 4.

Histoire de la Fondation des Colonies. Utr. 1778. gr. 8.

Histoire des découvertes des Portugais, par la Fitau. Paris 1733. 2 vol. avec fig. 4.

Histoires des decouvertes & des voyages faits dans le Nord, par Forster. Paris 1788. 2 vol. avec Cartes. 8.

Histoire des Peches, des découvertes & des Etablissemens des Hollandois dans les mers du Nord. Paris 1801. 3 vol. avec fig. gr. 8.

Histoire des Navigations aux Terres Australes, par Desbrosses. Paris 1756. 2 vol. avec fig. 4.

Histoire des Indes Orientales, par Guyon. Paris 1744. 3 vol. 12.

Histoire du Royaume de Siam, par Turpin. Paris 1771. 2 vol. 12.

Histoire des progrès & de la chute de l'Empire de Mysore sous Hyder Ali & Tippo-Saib, par J. Michaud. Paris 1801. 2 vol. gr. 8.

Histoire de l'Afrique & de l'Espagne sous la Domination des Arabes, par Cardonne. Paris 1765. 3 vol. 12.

Histoire des Avanturiers Flibustiers, par Oexmelin & Ravenau de Lussan. Trevoux 1775. 4 vol. avec fig. 12.

Histoire Naturelle & Civile de la Californie. Paris 1767. 3 vol. 12.

Histoire du Paraguay sous les Jésuites. Amst. 1780. 3 vol. gr. 8.

Histoire du Paraguay, par Charlevoix. Paris 1757. 6 vol. avec de Cartes Geogr. 12.

Histoire des Colonies Européennes dans l'Amérique. Paris 1767. 2 vol. 12.

Histoire Philosophique & Politique des Isles Françoises dans les Indes Occidentales. Laus. 1784. gr. 8.

Histoire de l'Amérique, par Robertson. Amst. 1779. 4 vol. avec des Cartes. 12.

——— le même ouvrage. Paris 1778. 2 vol. 4.

Histoire Naturelle de la Hollande Equinoxiale, ou de Surinam, par Fermin. Amst. 1765. gr. 8.

Histoire de la Nouvelle France, par l'Escarbot. Paris 1609. 12.

Histoire de la Nouvelle France, par Charlevoix. Paris 1744. 3 vol. avec fig. 4.

Histoire de St. Domingue, par Charlevoix. Amst. 1733. 4 vol. avec fig. 12.

Histoire de la Louisiane, par du Pratz. Paris 1758. 3 vol. avec fig. 12.

Histoire Naturelle de Pline, Trad. en François, avec des Notes, & le Texte Latin. Paris 1771. 11 vol. 4.

Histoire Naturelle, contenant l'Histoire Naturelle Générale, Quadrupèdes, Oiseaux & Minéraux, par Buffon, avec l'Histoire Naturelle des Ovipares, Serpens & Poissons, par la Cepede. Edition de Paris, avec les premieres Epreuves des figures. 4.

——— le même ouvrage, Edition de Paris. 12.

On peut avoir des pièces séparés dans les deux formats de cet ouvrage.

——— le même ouvrage, Edition de Hollande. 38 vol. 4.

Les personnes qui manquent des volumes à cette Edition se pourront les procurer chez les Editeurs de ce Catalogue.

——— le même ouvrage, Nouvelle Edition de Paris, publiée par la Cepede, en format portatif avec des jolies gravures.

——— le même ouvrage, classée par ordres, genres & espèces, d'après le Systhême de Linné, par René Castel. Paris VII. 26 vol. avec fig. pet. form

Histoire des Animaux d'Aristote, avec la Traduction Françoise, par Camus. Paris 1783. 2 vol. 4.

Histoire (l') Naturelle, Ornithologie qui traite des Oiseaux de Terre, de Mer, & de Rivière, par Salerne. Paris 1767. avec sup. fig. gravées par Martinet, grand pap. 4.

Histoire Naturelle des Oiseaux de l'Afrique, par le Vaillant. avec de superbes figures coloriées. 16 Livraisons. 4. *Cet ouvrage se continue regulierement.*

Histoire Naturelle des Oiseaux de l'Amérique, par le même, avec des figures supérieurement coloriées. 4 Livraisons. 4. *Cet ouvrage est continué de même que le précédent.*

Histoire des Poissons, par A. Gouan, Latin & François. Strasb. 1770. avec fig. 4.

Histoire Abrégée des Insectes, par Geoffroy. Paris 1764. 2 vol. avec fig. 4.

Histoire Naturelle de la Reine des Abeilles, Trad. par Blassiere. La Haye 1771. avec fig. gr. 8.

Histoire des Plantes de la Guiane Françoise, rangées suivant la Methode Sexuelle, par Fusée Aublet. Paris 1775, 3 vol. avec 392 Planches, 4.

Histoire Naturelle du Cacao & du Sucre. Amst. avec fig. 8.

Histoire (l') Naturelle éclaircie, dans une de ses parties principales l'Oryctologie. Paris 1755. avec fig. 4.

Histoire Naturelle de l'Homme, par M. le Clerc. Paris 1767. 4 vol. gr. 8.

Histoire Naturelle de l'Ame. La Haye 1745. 12.

Histoire de l'Esprit Humain, par le Marquis d'Argens. Berl. 1765. 14 vol. 8.

Histoire des Revolutions arrivées dans le Gouvernement, les Loix, & l'Esprit Humain. Harl. 1793. gr. 8.

Histoire des Causes Premieres, par Batteux. Paris 1769. gr. 8.

Histoire critique de la Philosophie, par Deslandes. Amst. 1754. 4 vol. 12.

Histoire du Ciel, par Pluche. La Haye 1740. 2 vol. avec fig. 12.

Histoire Céleste, ou Recueil Astronomique, par Monnier. Paris 1741. 4.

Histoire Naturelle du Globe, par Sauri. Paris 1778, 2 vol. 12.

Histoire de l'Académie Royale des Sciences de Paris. Divers volumes. 4.

Histoire de l'Académie Royale des inscriptions & belles letres. Paris 1756. 6 vol. 4.

Histoire des Membres de l'Académie Françoise, par d'Alembert. Paris 1787. 6 vol 12.

Histoire & Memoires de l'Académie de Berlin, depuis son origine, jusque & compris l'année 1780. ensemble 42 volumes. 4.

Histoire des principales découvertes faites dans les Arts & les Sciences. Lyon 1767. 12.

Histoire des Mathématiques, par Montucla. Paris VII. 2 vol. avec fig. 4.

Histoire de l'Electricité de J. Priestley. Paris 1771. 3 vol. avec fig. 12.

Histoire de la Société Royale de Médecine, années 1776-1781. & Memoires de Médecine & de Physique Médicale. Paris 1779-1785. 4 vol. avec fig. 4.

Histoire de Medecine, par D. le Clerc. La Haye 1729. 3 part. avec fig. 4.

Histoire de la Medecine, par J. Freind. Leide 1727. 3 vol. 12.

Histoire de la Santé & de l'Art de la conserver, par J. Mackenzie. La Haye 1759. 8.

Histoire des Maladies de St. Domingue, par Pouppé Desportes. Paris 1770. 3 vol. 12.

Histoire de l'Anatomie & de la Chirurgie, par Portal. Paris 1770. 6 vol. 8.

Histoire de la Peinture ancienne extraite de l'Histoire Naturelle de Pline. Liv. XXXV. le Texte Latin à coté. Londr. 1725. folio.

Histoire Universelle relative aux Arts de Peindre & de Sculpter, par Bardon. Paris 1769. 3 vol. 12.

Histoire Abregée des plus fameux Peintres, Sculpteurs & Architectes Espagnols, par Velasco. Paris 1749. 12.

Histoire de la Musique & de ses effets. Amst. 1725. 4 vol. 12.

Histoire de l'Origine & des Progrès de l'Imprimerie. La Haye 1740. 4.

Histoire de la Littérature d'Italie, tirée de l'Italien de Tiraboschi & abregée par A. Landi. Berne 1784. 5 vol. 8.

Histoire du Théatre François. Amst. 1735. 15 vol. 12.

Histoire du Théatre Italien, par Riccoboni. Paris 1730. 2 vol. gr. 8.

His-

Histoire anecdotique & raisonné du Théatre Italien. Paris 1769 7 vol. 12.

Histoire de l'Opera Bouffon. Paris 1768. 2 part. 8.

Histoire de la congrégation des Filles de l'Enfance. Toul, 1735. 12.

Histoire des Modes Françoises. Amst. 1773. 12.

Histoire (Nouvelle) poëtique du Pere Gautruche. Paris 1738. 12.

Histoire des Fripons. Amst. 1773. 12.

Histoire (l') des Imaginations extravageantes de M. Oufle. Paris 1753. avec fig. 12.

Histoire Politique des grandes Querelles. Paris 1777. 2 vol. gr. 8.

Histoire (l') justifiée contre les Romans, par Lenglet du Fresnoy. Amst. 1735. 12.

Histoire d'Agathe de St. Bohaire. Amst. 1769. 2 part. 12.

Histoire d'Agathon de Wieland. Leide 1774. 4 Tom. 8 part. 12.

Histoire des Amans volages de ce tems. Paris 1623. 12.

Histoire de Mad. de Bellerive. Francf. 1769. 8.

Histoire de Miss Béville. Amst. 1769. 2 vol. 12.

Histoire du Chevalier Tiran le Blanc. Londr. 1775. 2 vol. 12.

Histoire de Mad. du Bois. Paris 1769. 12.

Histoire de Miss Clarisse Harlove. Amst. 1774. 13 part. avec fig. 12.

Histoire de Don Quichotte de la Manche & Nouvelles de Cervantes. Amst. 1768. 8 vol. avec fig. 12.

Histoire de l'admirable Don Quichotte de la Manche. Francf. 1757. 6 vol. 12.

Histoire d'Emilie Montague. Amst. 1770. 4 part. 2 vol. 12.

Histoire de Mad. d'Erneville. Paris 1768. 2 part. 12.

Histoire de Ferdinand & Isabelle. Paris 1766. 2 vol. 12.

Histoire de Gerard de Nevers, par Tressan. Paris 1796. pet. form.

Histoire de Gilblas de Santilane, par le Sage. Londr. 1795. 4 vol. avec fig. 18.

Histoire du Chevalier Grandisson. Rouen 1786. 8 vol. 12.

Histoire du Chevalier des Grieux & de Manon Lescaut. Liege 1777. 4 part. 12.

Histoire de Guzman d'Alfarache, par le Sage. Mastr. 1777. 2 vol. avec fig. 12.

Histoire de Miss Honora. Amst. 1766. 4 part. 12.

Histoire d'Hypolyte Comte de Duglas, par Madame d'Aulnoy. Amst. 1777. 2 vol. avec fig. 12.

Histoire du petit Jean de Saintré, par Tressan. Paris 1796. pet. form.

Histoire d'un Jeune Grec, par Wieland. Leyde 1777. 2 vol. 8.

Histoire d'une Jeune Luthérienne. Neuchat. 1785. 2 vol. 18.

Histoire de Miss Indiana Damby. Amst. 1757. 2 vol. 12.

Histoire de Don Inigo de Guipuscoa, par Rasiel. La Haye 1758. 2 vol. 12.

Histoire de Lady Julie Harley, par Griffith. Paris 1777. 2 part. 8.

Histoire de Julie Mandeville. Paris 1764. 2 part. 12.

Histoire de Julie de Roubigné. Amst. 1779. 2 vol. 8.

Histoire Amoureuse de Pierre le Long. Londr. 1755. 12.

Histoire & Avantures de Williams Pickle. Amst. 1787. 4 vol. 12.

Histoire d'un Pou François. Paris 1781. gr. 8.

Histoire de Don Ranucio d'Aletez. Ven. 1749. 2 vol. 12.

Histoire de Sophie de Francourt. Paris 1768. 2 part. 12.

Histoire de Sophie & d'Ursule, par Charnois. Londr. 1788. 2 vol. 12.

Histoire de Tom Jones. Brux. 1796. 4 vol. 8.

Histoire de Miss Elise Warwick. Amst. 1781. 2 part. 8.

Histoire de Lucie Wellers. Amst. 1766. 2 vol. 12.

Histoire de Miss West, ou l'Heureux Denouement. Rott. 1777. 2 part. 8.

Histoire de Jonathan Wild par Fielding. Paris 1763. 8.

Histoire de François Wills. Amst. 1773. 2 part. 12.

Histoire de Zulmie Warthei. Paris 1776. 12.

Histoire Tragiques & Galantes. Paris 1731. 3 vol. avec fig. 12.

Histoires du Temps passé, ou les Contes de ma Mere l'Oye, par Perrault. Londr. 1786. avec fig. 12.

Historiettes & Conversations à l'usage des Enfans. Brux. 1800. 12.

——— le même ouvrage. Paris 1794. 2 vol. 18.

Homme (de l') & de ses Facultés, par Helvetius. Amst. 1774. 3 vol. 8.

Homme (de l') & de la Femme dans l'Etat du Mariage, par de Lignac. Lille 1774. 2 vol. avec fig. 12.

Homme (l') Moral, par Levesque. Amst. 1775. gr. 8.

Homme (l') de Lettres, par Bartoli. Paris 1769. 3 vol. 12.

Homme (l') d'Etat, par N. Donato. Liege 1767. 3 vol. 12.

Homme (l') de Cour de B. Gracian. Rott. 1728. 12.

Homme (l') detrompé, par Gracian. La Haye 1725. 3 vol. 12.

Homme (l') du monde éclairé par les Arts. Paris 1774. 2 vol. gr. 8.

Homme (l') sans-façon, ou Lettres d'un Voyageur. 1786. 2 part. 12.

Homme (l') sauvage, par Mercier. Neuchat. 1784. 8.

Homme (l') des Champs, ou les Georgiques Françoises, par Delille. Paris 1801. avec fig. gr. 8.

——— le même ouvrage. avec fig. pet. form.

——— le même ouvrage. sans fig. pet. form.

Hommes (les) Illustres qui ont vêcu dans le XVII. Siecle les Principaux Potentats, &c. qui ont assisté aux conférences de Munster & d'Osnabrug. Amst. 1717. folio.

Humanité, (l') Histoire des Infortunes du Chevalier de Dampierre. Paris 1765. 2 vol. 12.

Hubert de Sévrac, ou Histoire d'un Emigré, par Robinson. Paris 1797. 3 vol. 12.

Hudibras. Londr. 1757. 3 vol. avec fig. 12.

Hymnes Ecclésiastiques, par la Boderie. Paris 1582. pet. form.

J.

Jacques le Fataliste & son Maitre, par Diderot. Paris 1796. 2 vol. 8.

Janson's New Pocket Dictionary, of Zakwoordenboek der Nederduitsche en Engelsche Taalen. Amst. 1795. 12.

Jardinier (le) Portatif. Liege. 12.

Jardinier (le) Fleuriste, par Liger. Rouen 1788. 3 part. 12.

Jardiniere (la) de Vincennes, par Madame de V***. Lille 1780. 3 part. 12.

Jardins (les) par Delille. *Dernière Edition.* Paris 1801. avec fig. gr. 8.

——— le même ouvrage, avec fig. pet. form.

——— le même ouvrage, sans fig. pet. form.

Idée du monde, par Chevignard de la Pallue. Paris 1783. 2 vol. avec fig. 12.

Idée générale de la Geographie, par Maclot. Paris 1770. avec fig. 12.

Idée générale d'une Collection complette d'Estampes. Leipsig 1771. gr. 8.

Idée de la Poësie Angloise, par l'Abbé Yart. Paris 1756. 8 vol. 12.

Idées sur la Météorologie, par de Luc. Londr. 1786. 2 vol. gr. 8.

Idées d'un Militaire pour la disposition des troupes confiées aux jeunes Officiers dans la défense & l'attaque des petites postes, par Fossé. Paris 1783. avec fig. coloriées. 4.

Idylles de Théocrite, suivies de Bion & Moschus. Amst. 1794. gr. 8.

Idylles & Romances, par Berquin. Paris 1791. 12.

——— le même ouvrage. Paris 1801. 2 vol. avec des superbes figures, pet. form.

Jeannette Seconde, ou la Nouvelle Paysanne parvenue, par de la Bataille. Amst. 1758. 3 part. 12.

Jemmy & Sophie, ou les méprises de l'amour. Paris 1798. 2 vol. avec fig. 12.

Jenneval, ou le Barnevelt François, Drame par Mercier. Paris 1769. grand pap. avec fig. 8.

Jérusalem délivrée, Poëme du Tasse, Trad. par le Brun. Paris 1794. avec fig. de Gravelot. 2 vol. gr. 8.

——— le même ouvrage. Paris 1774. 2 vol. 12.

Jeu (le) du Trictrac, ou Principes de ce Jeu. Paris 1776. gr. 8.

Jeune (le) Infortuné, ou Memoires du Lord Kilmarnoff. Amst. 1776. 2 part. 12.

Jeune (la) Veuve, ou Histoire de Cornelia Sedley, par de Saint-Amand. Londr. 1789. 4 vol. 12.

Jeux de la petite Thalie, par Moissy. Paris 1769. 2 vol. gr. 8.

——— le même ouvrage. Amst. 1786. 8.

Iliade (l') & l'Odyssée d'Homere, Trad. en Vers par M. de Rochefort. Paris 1772. 5 vol. gr. 8.

Iliade (l') d'Homere, Traduction nouvelle par Bitaubé. Paris 1764. 2 vol. 8.

Ildephonse, imité de l'Allemand, par J. F. Fontallard. Paris 1801. 3 vol. avec fig. 12.

Images des grands Hommes & des Héros de l'Antiquité, par Canini. Amst 1721. grand pap. avec fig. de Picart. 4.

Imirce, ou la Fille de la Nature. Londr. 1774. 12.

Imitation de J. Christ, par Kempis. Amst. 1701. pet. form.

Imitation de J. Christ, en vers François, par P. Corneille. Paris 1665. pet. form.

Imitation de J. Christ, Trad. par du Fresnoy. Paris 1731. pet. form.

Impératrices (les) Romaines, par de Serviez. Paris 1738. 3 vol 12.

Importance (de l') des opinions Religieuses, par Necker. Londr. 1788. gr. 8.

Impostures (les) de l'Histoire Ancienne & Profane. Paris 1770. 2 vol. 12.

Incas, (les) ou la Destruction de l'Empire de Perou, par Marmontel. Amst. 1777. 2 vol. 8.

Influence (de l') des Passions sur le bonheur des individus & des Nations, par Staal. Paris 1796. gr. 8.

Infortuné (l') Philope. La Haye 1732. 12.

Infortuné (l') Provencal, ou Memoires du Chevalier Belicourt. Avign. 1760. 12.

Ingenieur (l') de la Campagne, ou traité de la Fortification passagere, par Clairac. Paris 1757. 4.

Inoculation, (l') Poëme en quatre Chants. Paris 1773. gr. 8.

Inquisition Françoise, ou Histoire de la Bastille, par Constantin de Renneville. Amst. 1749. 5 vol. avec fig. 12.

Insectologie, ou Oeuvres d'Histoire Naturelle & de Philosophie de Ch. Bonnet. Amst. 1780. 2 vol. avec fig. gr. 8.

Institution d'un Prince, par Duguet. Londr. 1750. 4 vol. 12.

Institution des Sourds & Muets. Paris 1776. 2 part. 12.

Institution du Calcul numerique & Littéral, par Blassiere. La Haye 1770. 2 vol. gr. 8.

Institutions Astronomiques, ou Leçons Elémentaires d'Astronomie. Paris 1746. avec fig. 4.

Institutions Newtoniennes, par Sigorgne. Paris 1769. gr. 8.

Institutions du droit de la Nature & des Gens. Trad. du Latin de Wolf. Lat. & Franç. Leide 1772. 6 vol. 12.

Institutions de Medecine de H. Boerhave, par de la Mettrie. Paris 1742. 8 vol. 12.

Institutions au Droit Public d'Allemagne. Leipsig 1766. 8.

Institutions Politiques, par de Bielfeld. Paris 1762. 4 vol. 12.

Instituts Politiques & Militaires de Tamerlan, proprement appellé Timour, par Langlès. Paris 1787. 12.

Instruction sur l'Histoire de France & Romaine, par le Ragois. Paris 1739. 12.

Instructions d'un Pere à ses Enfans sur la Nature & sur la Religion, par A. Trembley. Gen. 1775. 2 vol. gr. 8.

Instructions sur la Religion naturelle & revelée, par le même. Gen. 1779. 3 vol. gr. 8.

Instructions sur les Principes de la Vertu & du Bonheur, par le même. Gen. 1779. gr. 8.

Instruction d'un Pere à son Fils, par Dupuy. Paris 1750. 12.

Instructions d'un Pere à ses Filles de Gregory, Trad. par Bernard. Leide 1775. 8.

Instructions Militaires sur le service de Garnison & de Campagne, par du Bousquet. Rouen 1769. 2 vol. 12.

Instructions succinctes sur les Accouchemens, par Raulin. Paris 1771. avec fig. 12.

Instructions sur les Maladies de l'Urèthre & de la Vessie, par G. Arnaud. Amst. 1764. 12.

Instructions pour les Jardins fruitiers & potagers, par de la Quintinye. Paris 1730. 2 vol. 4.

Instructions Importantes au Peuples sur l'Oeconomie Animale, par Fermin. La Haye 1767. 12.

Instructions pour les Jeunes Dames, par Beaumont. Leide 1779. 4 vol. pet. form.

Intérêt (l') Général de l'Etat, ou la Liberté du Commerce des Blés. Paris 1770. 12.

Intérêts des puissances de l'Europe, par Rousset. La Haye 1741. 3 vol. 4.

Intérêts (les) des Nations de l'Europe au Commerce. Leide 1767. 4 vol. 12.

Intérêts (les) de la France mal entendus. Amst. 1757. 8.

Intrigue (l') du Cabinet sous Henri IV. & Louis XIII. par Anquetil. Mastr. 1782. 4 vol. 12.

Introduction générale aux Sciences avec les conseils pour former une Bibliothéque, par Formey. Amst. 1764. 12.

Introduction à l'Histoire générale de l'Univers, par Puffendorff. Amst. 1743. 8 vol. 12.

Introduction à la Geographie de Sanson, par Robert. Paris 1743. avec fig. 12.

Introduction à la Geographie, par Busching. Brux. 1786. 12.

Introduction à l'Algebre, par Develey. Laus. 1799. gr. 8.

Introduction familiere à la connoissance de la Nature, par Berquin. Paris 1800. 2 vol. avec fig. 18.

Introduction à la Syntaxe Latine, par Clarke. Gen. 1761. gr. 8.

Introduction à l'Etude de la Politique, par de Beausobre. Brux. 1791. 3 vol. 12.

Joachim, ou le Triomphe de la piété filiale, Drame par Blin de Saint More. Paris 1775. avec fig. gr. 8.

Joseph en IX. Chants, par Bitaubé. Paris 1768. 12.

Joscelina, par Isabella Kelly. Paris VII. 2 vol. avec fig. 12.

Jouissance (la) de Soi-même, par Caraccioli. Liege 1762. 12.

Journal Historique de la Revolution opérée dans la Constitution de la Monarchie Françoise, par de Maupeou. Londr. 1774. 7 vol. 8.

Journal d'un voyage au Nord, par Outhier. Amst. 1746. 12.

Journal Historique du voyage de M. de Lesseps. Paris 1790. 2 vol. avec fig. gr. 8.

Journal d'un voyage Militaire en Prusse en 1787. Londr. 1794. 8.

Journal du voyage de M. de Moñtaigne. Paris 1774. grand pap. 4.

—— le même ouvrage. Rome 1774. 3 vol. 12.

Journal Historique du voyage au Cap de Bonne-Esperance, par de la Caille. Paris 1776. avec fig. 12.

Journal d'un voyage aux Indes Orientales. Rouen 1721. 3 vol. 12.

Journal du traitement magnétique de la Demoiselle N. Londr. 1786. & suite. gr. 8.

Journal du traitement magnétique de Madame B. Strasb. 1787. gr. 8.

Journal général de Littérature Françoise. 1798, 1799, 1800 & 1801. avec le Journal de la Littérature, étrangere 1800 & 1801.

Ces ouvrages se continuent tous les mois.

Journées (les) Amusantes, par Mad. de Gomez. Amst. 1761. 8 vol. avec fig. pet. form.

Journées Mogoles. Paris 1772. 12.

Irma, ou les malheurs d'une Jeune Orpheline. Paris 1800. 4 vol. avec fig. pet. form.

Irreligion dévoilée, par Boudier de Villemert. Paris 1777. 12.

Isle (l') Inconnue, ou Memoires des Gastines. Brux. 1784. 4 vol. 12.

Israel vengé, par Orobio. Londr. 1770. 12.

Italien, (l') ou le Confessional des Pénitens noirs. Paris 1797. 3 vol. avec fig. 12.

Itineraire des Routes, par Dutens. Paris 1788. avec Cartes. 12.

Juge (le) Prevenu, par Madame de V***. Liege 1764. 5 parties. 12.

Jugemens des Savans, par A. Baillet. Amst. 1725. 8 Tom. 16 part. 12.

Jugement de Paris, Poëme en IV. Chants, par Imbert. Paris 1778. 8. grand pap. avec de très belles Estampes.

Julie, ou la Nouvelle Héloise, par J. J. Rousseau. Amst. 1761. 6 part. 3 vol avec fig. gr. 12.

Julie, par Boulliers. Moscou 1797. pet. form.

Justine d'Arancy, ou la vertu calomniée. Paris 1788. 2 vol. 12.

L.

Ladouski & Floriska, par L**. Paris 1801. 4 vol. avec fig. 12.

Laure, ou la Grotte du Pere Philippe, Trad. de l'Anglois. Paris 1798. 2 vol. avec fig. 12.

Leçons (diverses) de Loys Guyon. Lyon 1617. 3 vol. 12.

Leçons de Morale de Gellert, Trad. de l'Allemand. Utr. 1776. 2 vol. gr. 8.

Leçons du Droit de la Nature & des Gens, par de Felice. Yverdon 1769. 4 part. 2 vol. gr. 8.

Leçons Physiques Expérimentales, par l'Abbé Nollet. Amst. 1754. 6 vol. avec fig. 12.

Leçons Elémentaires de Mécanique, de Mathématique, d'Astronomie, & d'Optique, par la Caille. Paris 1766. 4 vol. avec fig. gr. 8.

Ces différentes Leçons se vendent séparément.

Leçons d'Arithmétique & d'Algebre, par Tedenat. Paris VII. gr 8.

Leçons Elémentaires de Géometrie & de Trigonometrie, par le même. Paris VII. gr. 8.

Le-

Leçons d'Histoire Naturelle, sur les mœurs & sur l'industrie des animaux, par Cotte. Paris 1799. 2 vol. 12.

Leçons de Navigation. Rouen 1768. avec fig. gr. 8.

Leçons d'Histoire prononcées à l'Ecole Normale, par Volney. Paris VIII. gr. 8.

Leçons (les) de la Sagesse, par Debonnaire. Paris 1767. 3 vol. 12.

Leçons d'une Gouvernante à ses Elèves, par Mad. Genlis. Mastr. 1792. 2 vol. 12.

Lectures Morales, par de Villemart. Amst. 1783. gr. 8.

Lectures pour les Enfans. La Haye 1776. 5 part. 12.

Legende dorée, ou Histoires Morales. Gen. 1768. 12.

Legende de maitre Pierre Fai-feu. Paris 1723. 12.

Legende (la) Joyeuse, ou recueil d'Epigrammes galantes. Lamps. 1764. 3 part. 12.

Legislation, (de la) ou Principes des Loix, par Mably. Amst. 1776. 2 part. 12.

Legislation (sur la) & le Commerce des Grains. Paris 1775. gr. 8.

Legs d'un Pere à ses Filles, par Gregory. Angl. & Franç. Paris 1801. 12.

Léonard & Gertrude, ou les mœurs villageoises. Laus. 1783. 2 part. 12.

Lettres sur les vrais principes de la Religion, & Pensées de Pascal. Amst. 1741. 3 vol. 12.

Lettres d'une Mere à son Fils, pour lui prouver la vérité de la Religion Chrétienne. Paris 1768. 3 vol. 12.

Lettres sur la Religion essentielle à l'Homme. 1756. 7 vol. 8.

Lettres sur les vrais principes de la Religion. Amst. 1741. 2 vol. 12.

Lettres de St. Jerome, Trad. par Roussel. Paris 1713. 3 vol. gr. 8.

Lettres de quelques Juifs à Voltaire. Paris 1769. 12.

Lettres Grecques, par le Rheteur Alciphron. Paris 1785. 3 vol. 12.

Lettres de Ciceron à Atticus, avec le Latin à côté. Liege 1773. 4 vol. 12.

Lettres de Ciceron à Brutus. Paris 1744. 12.

Lettres de Ciceron, qu'on nomme vulgairement familieres, par Prevost. Paris 1747. 5 vol. 12.

Lettres de Ciceron que l'on nomme vulgairement familieres. Trad. en François, par Prevost. *Nouvelle Edition*, par Goujon. Paris 1801. 3 vol. gr. 8.

Lettres, Memoires & Negociations d'Estrades. Londr. 1743. 9 vol. 12.

Lettres & Negociations, &c. de Jean de Witt. Amst. 1725. 5 vol. 12.

Lettres & Negociations du Marquis de Feuquieres. Paris 1753. 3 vol. 12.

Lettres de Henri IV, Villeroi & Puisieux à M. de la Boderie. Amst. 1733. 12.

Lettres du Cardinal d'Ossat. Amst. 1708. 5 vol. 12.

Lettres de Roger de Rabutin. Amst. 1752. 6 vol. 12.

Lettres de Filtz Moritz, par Garnesay. Amst. 1718. 12.

Lettres choisies de M. Simon. Amst. 1730. 4 vol. 12.

Lettres Historiques politiques & critiques sur les Evenemens qui se sont passés depuis 1778. Londr. 1788. & suiv. 16 vol. 8.

Lettres (des) de Cachet & des Prisons d'Etat. Hamb. 1782. 2 part. gr. 8.

Lettres sur le Dannemarc. Gen. 1757. 2 vol. gr. 8.

Lettres & Memoires de Gustave Adolphe, de ses Ministres & de ses Généraux. Paris 1790. gr. 8.

Lettres d'une Dame Angloise. Amst. 1787. gr. 8.

Lettre sur l'Italie, par Dupaty. Paris 1793 2 vol. pet. form.

Lettres sur la decouverte d'Herculane, par de Correvon. Yverd. 1770 2 vol. 8.

Lettres à Mr. Bailly sur l'Histoire primitive de la Grece, par Rabaud de St. Etienne. Paris 1787. gr. 8.

Lettres sur la Grèce, par Savary. Amst. 1788. 12.

Lettres sur l'Egypte, par Savary. Paris 1786. 3 vol. 8.

Lettres d'une dame Angloise & de Son Amie à Paris. Londr. 1771. 2 part. gr. 8.

Lettres d'un voyageur Anglois, par Sherlock. Londr 1780. 2 part. gr. 8.

Lettres Critiques d'un voyageur Anglois. Coppenh. 1766. 2 vol. 8.

Lettres d'un Cultivateur Américain. Mastr. 1785. 2 vol. 12.

Lettres d'un Négociant à son Fils. Strasb. 1786. 8.

Lettres utiles aux Négocians de l'Europe. Paris 1775. 12.

Lettres Marchandes de May. Leide 1780. 12.

Lettres originales de Commerce, Trad. de l'Allemand du Profr. Busch. La Haye 1801. 12.

Lettres de Maupertuis. Berl. 1753. 12.

Lettres de M. Euler à une Princesse d'Allemagne sur différentes questions de Physique & de Philosophie. Paris 1787. 3 vol. 8.

Lettres à un Américain sur l'Histoire Naturelle de Buffon. Hamb. 1756. 9 part. 5 vol. 12.

Lettres Philosophiques sur les Physionomies. La Haye 1748. 8.

Lettres sur les Sourds & Muets. 1751. 8.

Lettres sur l'Imagination, par Meister. Londr. 1799. gr. 8.

Lettres critiques sur le Paradis perdu de Milton. Paris 1731. 12.

Lettres à un Amateur de la peinture avec des éclaircissemens historiques sur un Cabinet & les auteurs des Tableaux qui le composent. Dresde 1755. 8.

Lettres (Nouvelles) intéressantes du Pape Clement XIV. Paris 1788. 2 part. 12.

Lettres du Comte de Chesterfield à son Fils. Amst. 1779. 4 vol. 12.

Lettres Juives, par le Marquis d'Argens. La Haye 1764. 8 vol. 12.

Lettres Chinoises, par le Marquis d'Argens. La Haye 1755. 6 vol. 12.

Lettres Cabalistiques, par le Marquis d'Argens. La Haye 1769. 7 vol. 12.

Lettres Morales & Critiques, par d'Argens. Amst. 1748. & suite. 18.

Lettres Critiques sur divers sujets de Littérature. Amst. 1761. 2 vol. 12.

Lettres sur la Mythologie, par Blackwell. Paris 1771. 2 vol. 12.

Lettres à Emilie sur la Mythologie, par Dumoustier. Lyon 1794. 6 part. 18.

Lettres de Madame de Sevigné à sa Fille. Rouen 1790. 10 vol. 12.

Lettres Nouvelles de Sevigné. Mastr. 1774. 12.

Lettres de Ninon l'Enclos au Marquis de Sevigné. Amst. 1752. 2 vol. pet. form.

Lettres de Madame Dumontier, par de Beaumont. Lyon 1767. 2 vol. 12.

Lettres Historiques & Galantes, par Madame du Noyer. La Haye 1761. 7 vol. 12.

Lettres originales de Mad. du Barry. Londr. 1779. 8.

Lettres d'une Dame Champenoise à une Dame de qualité à la Haye. Amst. 1749. 12.

Lettres d'une Peruvienne, par Mad. de Graffigny. Paris 1778. 12.

Lettres à une Illustre morte, par Caraccioli. Liege 1771. 12.

Lettres Familieres de Montesquieu. Rome 1767. 12.

Lettres Persanes. Londr. 1759. 2 vol. 12.

Lettres originales de Mirabeau. Paris 1792. 4 vol. gr. 8.

Lettres Ecrites de la Montagne, par J. J. Rousseau. Amst. 1764. gr. 12

Lettres originales de J. J. Rousseau à la Marechalle de Luxembourg, &c Paris 1798. pet. form.

Lettres Familieres de Boileau Despreaux & Brossette. Lyon 1770 3 vol. 12.

Lettres Nouvelles de Boursault. Paris 1738. 3 vol. 12.

Lettres & autres œuvres de Monsieur de Voiture. Amst. 1709. 12.

Lettres d'Abailard & d'Héloïse avec le Latin à côté, par Bastien. Paris 1782. 2 vol. 12.

Lettres & Epitres Amoureuses d'Héloise & d'Abeilard. Londr. 1793. 2 vol. 12.

Lettres d'Affi à Zurac, par la Croix. La Haye 1767. 12.

Lettres d'Aza, ou d'un Peruvien. Amst. 1760. 12.

Lettres de Milady Catesby. Amsr. 1761. 12.

Lettres d'une Dame Angloise & Memoires de Williams. 2 part. Amst. 1770. 12.

Lettres de deux Amans habitans de Lyon, par Leonard. Paris 1788. 18.

Lettres d'Emerance à Lucie, par de Beaumont. Leide 1766. 2 vol. 12.

Lettres de Jenny Bleinmore, par Monnet. Paris 1787. 2 part. 12.

Lettres de Mad. la Comtesse de L***. à M. le Comte de R***. Paris 1786. 2 vol 18.

Lettres au Chevalier de Luzeincour, par une Jeune Veuve. Londr. 1769 8.

Lettres de la Marquise M. au Comte de R. par Crebillon. La Haye 1766. 2 part. 12.

Lettres d'un Persan en Angleterre à son Ami à Ispahan. Londr. 1770. 12.

Lettres de Milord Rivers à Cardignan. par Riccoboni. Amst. 1777. 2 part. 8.

Lettres de Milord Rodex. La Haye 1768 2 part. 12.

Lettres du Marquis de Roselle. Paris 1765 2 part. 12.

Lettres de Mad. de Sancerre, par Riccoboni. Paris 1767. 2 part. 12.

Lettres de Stephanie, par de Beauharnais. Liege 1779. 4 part. 2 vol 12.

Lettres de Thérese ***, ou Memoires d'une jeune Demoiselle de Province pendant son séjour à Paris. La Haye 1740. 2 vol 12.

Lettres de Madame de Tourville. Paris 1788. 12.

Lettres de la Vendée. Paris 1801. 2 vol. avec fig. 12.

Liaisons (les) dangereuses. Paris 1782. 2 vol. 12.

Libertin (le) devenu vertueux. Londr. 1777. 2 vol. 12.

Littérature (de la) par Mad. Staal. Paris 1799. 2 vol. gr. 8.

Liturgie, (la) ou Formuliere des prieres Publiques, selon l'usage de l'Eglise Anglicane. Londr. 1757. pet. form.

Livre de Chifres à double Traits, ou l'on trouve les noms & surnoms, utile aux Peintres, Sculpteurs, &c. Paris. 4.

Livre (le) fait par force, ou le Mystificateur. 8.

Livre (le) de Famille, par Berquin. La Haye 1795. avec fig.

Logique, (la) ou l'Art de Penser, par Port Royal. Paris 1752.

Logique, par Wolf. Laus. 1744. 8.

Loisir (le) d'un Jeune Savant. Londr. 1775. 12.

Loisirs (les) du Chevalier d'Eon. Amst. 1774. 13 vol. gr. 8.

Loix de Platon, par le Traducteur de la Republique. Amst. 1779. 2 vol. gr. 8.

Loix de Platon. Amst. 1769. 2 vol. 12.

Loix (les) de la Nature, par Cumberland, Traduit par Barbeyrac. Leide 1757. 4.

Loix (les) des Batiments, par Desgodets. Paris 1777. 2 vol. gr. 8.

Loix (les) & les coutumes du Change de Phoonsen, par Ricard. Amst. 1715. 4.

Lolotte & Fanfan. Charlestown 1789. 4 part. 2 vol. 12.

Lord (le) Impromptu. Amst. 1767. 2 part. 12.

Louis XIV, sa Cour & le Régent, par Anquetil. Paris 1789. 4 vol. 12.

Louis XV & Louis XVI, par Fantin Desodoarts. Paris 1798. 5 vol. gr. 8.

Louise, ou la Chaumiere dans les Marais. Brux. 1788. 2 part. 12.

Lucette, ou les Progrès du Libertinage. Londr. 1785. pet. form.

Lucien de la Traduction de Perrot d'Ablancourt. Amst. 1764. 12.

Lucile, ou les Progrès de la Vertu. La Haye 1769. 12.

Lusiade (la) du Camoens, par Duperron de Castera. Paris 1768. 3 vol. 12.

Lydia, ou Memoires de Mylord D***, par de la Place. Londr. 1772. 4 part. 12.

M.

Machines & Inventions approuvées par l'Académie Royale des Sciences, par Gallon. Paris 1735. 7 vol. avec fig. 4.

Magazin des Sciences & des Beaux Arts, par Formey. Amst. 1768. 2 vol. 12.

Magazin des Enfans, par de Beaumont. Leide 1798. 4 part. 12.

Magazin des Adolescentes, par de Beaumont. Leide 1782. 4 vol. 12.

Magazin (le) des jeunes Dames, par Beaumont. Leide 1765. 4 vol. 12.

Magazin des Pauvres, Domestiques & Artisans, par de Beaumont. Leide 1769. 2 vol. 12.

Magazin des petits Enfans, par Mad. de Los Rios. La Haye 1796. 12.

Magie (la) Blanche devoilée, par Decremps, avec le codicile & petites avantures de Jérome Sharp. Paris 1793. 5 vol. gr. 8.

Maison Rustique, par de Préfontaine. Paris 1763. gr. 8.

Maitre (le) Anglois, ou Grammaire reguliere pour faciliter aux François l'étude de la Langue Angloise, par Cobett. Paris VIII. gr. 8.

Maître Italien, ou Grammaire de Veneroni. Lyon 1792. gr. 8.

Maître Allemand, ou Grammaire de Gottsched. Strasb. 1800. gr. 8.

Malheurs (les) de l'Inconstance. Lille 1793 2 part. 18.

Malheurs (les) de la Jeune Emelie, par d'Ormoy. Paris 1777. 2 part. 12.

Malvina, par l'Auteur de Claire d'Albe. Paris 1801. 4 vol. avec fig. 12.

Mamelouk (le) François, par P. N. Rougeron. Paris 1801. 2 vol. avec fig. 18.

Maniere (de la) d'enseigner & d'Etudier les Belles-Lettres, par Rollin. Paris 1740. 2 vol 4.

—— le même ouvrage. Leide 1759 4 vol. 12.

Maniere (de la) d'écrire l'Histoire, par Mably. Paris 1783. 12.

Maniere de bien penser dans les ouvrages d'Esprit. Amst. 1705. pet. form.

Maniere (de la) de Négocier avec les Souverains, par de Callieres. Londr. 1750. 2 part. 12.

Maniere d'instruire les sourds & muets. Paris 1784. 12.

Maniere (de la) d'apprendre les Langues. Paris 1768. 8.

Manœuvre (de la) des Vaisseaux, par Bouguer. Paris 1757. avec fig. 4.

Manœuvrier (le) ou Essai sur les mouvemens du Navire, par de Villehuet. Paris 1769.

Manuel Chrétien, ou réflexions Saintes, tirées des Oeuvres Spirituelles de Fenelon. La Haye 1787. 12.

Manuel pour les jeunes Princes & pour les jeunes Seigneurs destinés à les entourer. Basle 1775. 12.

Manuel des Ecuyers, par Carbon de Begrieres. Paris 1725. 8.

Manuel (le) des Artistes & des Amateurs, par de Petity. Paris 1770. 4 vol. 12.

Manuel de l'Artificier. Paris 1757. avec fig. 12.

Manuel Forestier & Portatif. Paris 1770. 12.

Manuel de l'Arpenteur & le Supplément, par Ginet. Paris 1775. 2 vol. avec fig. gr. 8.

Manuel de l'Artilleur, par d'Urtubie. Paris 1794. avec fig. gr. 8.

Manuel du Naturaliste, ou Dictionnaire d'Histoire Naturelle. Londr. 1794. 2 vol. gr. 8.

Manuel pour servir à l'Histoire Naturelle des Oiseaux des Poissons, des Insectes & des Plantes, par Forster. Paris 1800. gr. 8.

Manuel Economique des Plantes, par Buchoz. Paris 1800. gr. 8.

Manuel Tinctorial des Plantes, par Buchoz. Paris 1800. gr. 8.

Manuel de l'Arboriste & du Forestier Belgique, par Pollderlé. Brux. 1772. 2 vol. 12.

Manuel des Champs, ou Recueil amusant, &c. Paris 1786. 12.

Manuel sur les propriétés de l'Eau, par Macquart. Paris 1783. gr. 8.

Manuel d'un Cours de Chymie, par Bouillon de Lagrange. *Nouvelle Edition.* Paris 1801. 3 vol. avec fig. gr. 8.

Manuel de Chymie, par Beaumé. Paris 1766. 12.

Manuel (le) des Dames de Charité. Paris 1762. 12.

Manuel des Gouteux & des Rhumatistes, par Gachet. Paris 1786. 12.

Manuel du Jeune Chirurgien. Paris 1771. 2 vol. 8.

Manuel de l'Essayeur, par Vauquelin. Paris VII. 4.

Manuel Historique, Geographique & Politique des Négocians. Lyon 1762. 3 vol. 8.

Manuel général pour les Arbitrages de Changes, par Reishammer. Paris 1800. gr. 8.

Manuel des Jeunes Orateurs, par Lanjuinais. Moudon 1777. 2 vol. 12.

Manuel de la Jeunesse. Paris 1773. 2 vol. 12.

Manuel Lexique, ou Dictionnaire Portatif des mots François, par Duboille. Paris 1789. 2 vol. gr. 8.

Manuel Lexique, ou Dictionnaire Portatif François-Allemand. Strasb. 1782. gr. 8.

Mari (le) offensé. 1770. 2 part. 12.

Mari (le) Sentimental ou Lettres d'un Homme du Pays de Vaud. 1785. gr. 12

Maria, ou l'Enfant de l'infortune. Paris VII. 2 vol. avec fig. pet. form.

Mariage (le) du Siecle, ou Lettres de Castelli, par Dorville. Francf. 1766. 2 part. 12.

Marine Militaire, ou Recueil des différens Vaisseaux qui servent à la guerre, par Ozanne, contenant 50 Planches en taille-douce. Paris. 4.

Ma

Matiere Médicale tirée de Haller, par Vicat. Bern. 1776. 2 vol. 8.

Matiere Médicale raisonnée, par Bourgelat. Lyon 1771. gr. 8.

Matinées (les) Liégeoises, ou l'Art de prendre le thé en en s'amusant. Liege 1778. 2 part. 8.

Maurice, Roman par Schultz. Paris 1789 2 vol 12.

Maximes avec des exemples tirés de l'Histoire Sainte & profane. La Haye 1740. pet. form.

Maximes & Réflexions morales de Rochefaucault. 1785. 18.

Maximes du droit François, tirées des Capitulaires des Ordonnances du Royaume, &c. Amst. 1776. 6 vol. 12.

Medailles du Cabinet de la Reine Christine, par Bartolo. La Haye 1742. avec fig. folio.

Médecine primitive, ou Recueil de remedes, par Wesley. Lyon 1772. 12.

Médecine préservative & curative, par Rougnon. Paris VII. 2 vol. gr. 8.

Médecine (la) & la Chirurgie des Pauvres. Paris 1757. 12.

Meditations de Dodd dans sa Prison. Amst. 1780. gr. 8.

Meditations d'Hervey. Paris 1771. 2 part. 12.

Mélange de Traductions Grecs, Latins & Anglois. Paris 1779. gr. 8.

Mélange de Vers & de Prose, par Fr. d'Hartig. Paris 1788. gr. 8.

Mélange de Poësies Fugitives & de Prose sans conséquence. Paris 1776. gr. 8.

Mélanges d'Histoire & de Littérature, par de Vigueul Marville. Paris 1725. 3 vol. 12.

Mélanges Historiques & Critiques de Physique, &c. par d'Orbessan. Paris 1768. 3 vol. gr. 8.

Mélanges d'Histoire Naturelle, par Dulac. Lyon 1765. 6 vol. 8.

Mélanges de Littérature Orientale, par Cardonne. Paris 1770. 2 vol. 12.

Mélanges Extraits des Manuscrits de Mad. Necker. Paris 1798. 3 vol. gr. 8.

Mélanges (Nouveaux) par Mad. Necker. Paris 1801. 2 vol. avec Portrait. gr. 8.

Mélanges de Poësie Angloise, Trad. de l'Anglois. 1764. 8.

Mélanges gais, intéressans & philosophiques. 1784. gr. 8.

Melchu-Kina, ou Anecdotes Secrettes & Historiques. Paris. 12.

Melicerte, suivi des Sœurs rivales. Paris 1801. 2 vol. avec fig. 12.

Memnon, Histoire Orientale. Londr. 1747. 12.

Memoires de l'Académie Royale des Sciences, contenant les ouvrages adoptés. La Haye 1731. 6 vol. 4.

Memoires de l'Académie des Sciences de Paris, divers volumes. 4.

Memoires de Mathématique & de Physique, présentés à l'Académie des Sciences, par divers Savans, & lus dans ses Assemblées. Paris 1750. vol. 4.

Memoires de l'Institut National de la République Françoise. Paris 1798. & suiv. trois Livraisons. 9 vol. 4.

Cet ouvrage est continué.

Memoires couronnés, par l'Institut National sur la question, si l'émulation est un bon moyen d'Education. Paris 1801. 2 part. gr. 8.

Memoires sur différentes parties des Sciences & Arts, par Guettard. Paris 1768. 3 vol. 4.

Memoires sur les objets les plus importans de l'Architecture, par Patte. Paris 1769. avec fig. gr. 8.

Memoires de la Société d'Hist. Naturelle de Paris. Paris VII. 4.

Memoire Instructif de rassembler, conserver, &c. les curiosités d'Histoire Naturelle. Lyon 1758. avec fig. gr. 8.

Memoire sur les Observations Météorologiques, par J. H. van Swinden. Amst. 1780. gr. 8.

Memoires Historiques & Physiques sur les Tremblemens de Terre, par Bertrand. La Haye 1757. 8.

Memoires pour servir à l'Histoire des Insectes, par Réaumur. Paris 1734. 6 vol. avec fig. 4.

Memoires pour servir à l'Histoire d'un genre de Polypes, par Trembley. Paris 1744. 2 vol. 12.

Memoire sur l'Acier, par Perret. Paris 1779. gr. 8.

Memoires de Chymie, par Scheele. Paris 1785. 2 part. 12.

Memoires Militaires sur les Grecs & les Romains, par Guischardt. La Haye 1758. 2 vol. avec fig. 4.

—— le même ouvrage. Lyon 1760. 2 vol. gr. 8.

Memoires de Montecuculi, par Turpin de Crissé. Amst. 1770 3 vol. avec fig. gr. 8.

—— le même ouvrage. 3 vol. avec fig. 12.

Memoires de Feuquiere. Londr. 1736. avec fig. 4.

—— le même ouvrage. Londr. 1775. 4 vol. avec fig. 12.

Memoires sur l'Art de la Guerre de Maurice Comte de Saxe. Dresde 1757. avec fig. gr. 8.

Memoires d'Artillerie, de Surirey de Saint Remi. Paris 1745. 3 vol. avec fig. 4

Memoires sur les opinions qui partagent les Militaires, par Joly de Maizeroy. Paris 1773. gr. 8.

Memoires Geographiques, Physiques & Historiques. Paris 1767. 4 vol. 12.

Memoires de ce qui s'est passé dans la Chrétienté depuis 1672. jusqu'à 1679. par Temple. La Haye 1692. 12.

Memoires pour servir à l'Histoire du XVIII. Siecle, par Lamberty. Amst. 1735. 14 vol. 4.

Memoires Politiques & Militaires, par Millot. Laus. 1782. 6 vol. 12.

Memoires Secrets, tirés des Archives des Souverains de l'Europe. Amst. 1766. 6 part. 12.

Memoires de M. de ***, pour servir à l'Histoire des Négociations. La Haye 1757. 4 vol. 12.

Memoires & Negociations secrettes, par de la Torre. La Haye 1721. 5 vol. 12.

Memoires Politiques pour servir à l'Histoire de la Paix de Ryswick, par Dumont. La Haye 1699. 4 vol. 12.

Memoires du Regne de Pierre le Grand, par Nestesuranoi. Amst. 1740. 5 vol. 12.

Memoires du Regne de Catherine. Amst. 1728. 12.

Memoires Historiques sur la Russie, par Manstein. Lyon 1772. 2 vol. gr. 8.

Memoires concernant Christine Reine de Suède. Amst. 1751. 4 vol. avec fig. 4.

Memoires sur l'Origine de la Maison d'Autriche & Tables Généalogiques. Paris 1770. gr. 8.

Memoires pour servir à l'Histoire d'Anne d'Autriche, par de Motteville. Mastr. 1782. 6 vol. 12.

Memoires Historiques & Politiques des Pays-bas Autrichiens, par de Neny. Brux. 1785 2 vol. gr. 8.

Memoires d'Alton & Histoire de la Revolution Belgique. 1791. 2 vol. gr. 8.

Memoires pour servir à l'Histoire de la Maison de Brandebourg. La Haye 1751. 2 part. 1 vol. grand pap. avec fig. 4.

Memoires de Frédric Henri. Amst. 1733. avec fig. 12.

Memoires Historiques sur la derniere année de Fréderic II. par le Comte de Hertzberg. gr. 8.

Memoires de la Cour d'Espagne. La Haye 1691. pet. form.

Memoires pour servir à l'Histoire d'Espagne sous Philippe V, par Bacallar. Amst. 1756. 4 vol. 12.

Memoires Geographiques sur la Gaule, par Pasumot. Paris 1765. 12.

Memoires Historiques critiques & anecdotes de France. Amst. 1765. 4 Tom. 2 vol. 12.

Memoires Secrets de la Cour de France, contenant les intrigues du Cabinet pendant la minorité de Louis XIV. Amst. 1733. 3 vol. 12.

Memoires & Réflexions sur les principaux Evenemens du Regne de Louis XIV. Amst. 1755. 12.

Memoires secrets sur les Regnes de Louis XIV. & XV. par Duclos. Paris 1791. 2 vol gr. 8.

Memoires de la minorité de Louis XV, par Massillon. Paris 1792. gr. 8.

Memoires sur la Revolution Françoise, par Bouillié. Paris 1801. 2 vol. 12.

Memoires du Comte de C. où l'on trouve les rélations complettes du siège de Lyon, l'Histoire de la Vendée, &c. Hamb. 1801. 8.

Memoires concernant la Vie & les Ecrits du Comte François Algarotti. Berl. 1772. 12.

Memoires du Marechal de Bassompiere. Amst. 1692. 2 vol. pet. form.

Memoires de Louise de Bourbon-Conti. Paris 1798. 2 vol. gr. 8.

Memoires du Duc de Choiseul. Paris 1790. 2 part. 12.

Memoires de Madame la Marquise de Cremy. Lyon 1766. 2 vol. 8.

Memoires de Duclos. 1791. 2 vol. 12.

Memoires du Comte de Forbin. Amst. 1748. 2 vol. 12.

Memoires de Grammont, par Hamilton. 1779. 2 vol. 12.

Memoires de Guay-Trouin. 1740. avec fig. 4.

Memoires de Guay-Trouin & son Eloge, par Thomas. Rouen 1779. avec fig. 12.

Memoires du Comte de Guiche. Londr. 1744. 12.

Memoires du Comte de Hordt. Liege 1789. 2 vol. 12.

Memoires sur la Vie de Madlle. L'Enclos. Amst. 1779. 2 part. 12.

Memoires & Lettres de Mad. de Maintenon. Mastr. 1778. 16 vol. 12.

Memoires de Marolles. Amst. 1755. 3 vol. 12.

Memoires sur la Vie du Comte de Marsigli, par Quincy. Zuric 1741. 4 part. 8.

Memoires de l'Abbé de Montgon. Laus. 1752. 8 vol. 12.

Memoires de Mad. de Montpensier. Mastr. 1776. 8 vol. 12.

Memoires du Marquis de Montrose. Paris 1767. 2 vol. 12.

Memoires du Cardinal de Retz. Gen. 1779. 6 vol. 12.

Memoires du Comte de St. Germain. Amst. 1779. 12.

Memoires de M. le Duc de St. Simon, & Supplément. Liege 1789. 7 vol. 12.

Memoires de Sully. Londr. 1778. 10 vol. 12.

Memoires du Baron de Tott, & Observations de Peyssonnel. Mastr. 1786. 5 vol. 12.

Memoires du Maréchal de Tourville. Amst. 1758. 3 vol. 12.

Memoires de la Tremoille. Liege 1767. 12.

Memoires de la vie de Vieilleville, par Charloix. Paris 1757. 5 vol.

Memoires du Duc de Villars. La Haye 1758. 3 vol. 12.

Memoires Littéraires de la Grande Bretagne, par de la Roche. La Haye 1720. 12 Tom. 6 vol. pet. form.

Memoires pour servir à l'Histoire de Hollande, par Aubery. Paris 1680. pet. form.

Memoires du Comte de Guiche, concernant les Provinces Unies des Pays-bas. Utr. 1744. 2 vol. 12.

Memoires du Cardinal Bentivoglio. Paris 1713. 2 vol. 12.

Memoires (Nouveaux) ou Observations sur l'Italie. Londr. 1765. 3 vol. 12.

Memoires Historiques & Philosophiques sur Pie VI. Paris VII. 2 vol. gr. 8.

Memoires concernant l'Histoire, les Sciences, les Arts, les Mœurs, les Usages &c. des Chinois, par les Missionaires de Pekin. Paris 1776. 15 vol. avec fig. 4.

Memoires Secrets pour servir à l'Histoire de Perse. Berl. 1759. pet. form.

Memoires Historiques, Politiques & Geographiques des Voyages du Comte de Sauvebœuf. Mastr. 1790. 2 vol. 12.

Memoires de Gibbon, suivis de quelques ouvrages du même Auteur. Paris 1797. 2 vol. gr. 8.

Memoires pour diminuer le nombre des Procès, par l'Abbé St. Pierre. Paris 1725. 12.

Memoire à consulter sur la Question de l'Excommunication des Acteurs de la Comédie Françoise. Paris 1761. 12.

Memoires Historiques, Politiques Critiques & Littéraires, par Amelot de la Houssaie. Amst. 1722. 2 vol. 12.

Memoires pour servir à l'Histoire des Hommes Illustres, par Niceron. Paris 1729 – 1740. 41 vol. 12.

Memoires Secrets de la Republique des Lettres. Amst. 1744. 7 vol. 12.

Memoires pour la Vie de François Petrarque. Amst. 1764. 3 vol. 4.

Memoires sur la Vie de Jean Racine. Laus. 1747. 12.

Memoire sur la Musique des Anciens, par Roussier. Paris 1774. 4.

Memoires sur la Musique, par Gretry. Paris V. 3 vol. gr. 8.

Memoires de la Revolution de la Musique, par Gluck. Paris 1781. gr. 8.

Memoires d'Hippolite Clairon & réflexions sur la declamation Théatrale. Paris VII. gr. 8.

Memoires de Dumesnil, réponse aux Memoires de Clairon. Paris VII. gr. 8.

Memoires d'Azéma. Amst. 1764. 2 part. 12.

Memoires d'une Fille de Qualité, par Mouhy. Amst. 1747. 4 vol. pet. form.

Memoires & avantures d'un Bourgeois qui s'est avancé dans le monde. La Haye 1750. 2 vol. 12.

Memoires de Cicile, par de la Place. Paris 1752. 4 vol, 12.

Memoires du Comte de Cronstadt, par Clara Reeve, Trad. par le Bas. Paris 1789. 3 vol. 12.

Memoires du Comte D***, ou le Libertin devenu vertueux. Paris 1778. 2 vol. 12.

Memoires de M. le Marquis de Forlaix, par Framery. Paris 1770. 4 part. 12.

Memoires de Gaudence de Lucques. Amst. 1777. 4 part. 8.

Memoires du Chevalier de Gonthieu, par de la Croix. Paris 1766. 3 part. 12.

Memoires d'un Homme de Bien, par de Puisieux. Paris 1768. 3 part. 12.

Memoires & Avantures d'un Homme de Qualité. Amst. 1759. 8 vol. 12.

Memoires de Lucie d'Olbery. Paris 1770. 2 vol. 12.

Memoires du Chevalier de Kilpar, par Fielding. Paris 1769. 2 part. 12.

Memoires de Montrose. Paris 1767. 2 vol. 12.

Memoires du Chevalier de Ravanne. Londr. 1781. 4 vol. 18.

Memoires de Miss Sidney Bidulph. Amst. 1762. 5 vol. 8.

Memoires de Sternheim, par Wieland. La Haye 1775. 2 vol. 8.

Memoires de M. de S. H***. Amst. 1766. 4 vol. 12.

Memoires Turcs, ou Histoire Galante des deux Turcs. Amst. 1772. 2 part. 12.

Memoires de Volari, ou l'Amour Volage & Puni. La Haye 1746. 2 part. 12.

Menage (le) Universel de la Ville & des Champs, par Ferriere. Brux. 1725. 12.

Menagiana ou Bons mots, &c. de M. Menage. Amst. 1713. 4 vol. pet. form.

Mentor (le) Moderne, ou Instructions pour les Garçons, par Mad. le Prince de Beaumont. Paris 1776. 12 vol. 12.

Mentor moderne, par Addison, Steele &c. La Haye 1723. 3 vol. 12.

Mentor (le) vertueux, moraliste & bienfaisant. Paris 1788. 12.

Mendiant (le) Boiteux, par Castilhon. Bouillon 1771. 2 part. 8.

Méprises, (les) Lettres du Comte d'Orabel. Paris 1780. 2 part. 12.

Meres rivales, (les) ou la Calomnie, par Mad. Genlis. Paris 1800. 4 vol. avec fig. 18.

Mérite des Femmes, Poëme par Legouvé. Paris IX. avec fig 12.

Mes Délassemens, ou Recueil choisi de Contes Moraux. Paris 1771. 2 part. 12.

Mesdemoiselles de Marsange. La Haye 1757. 4 part. 12.

Mes Rêveries de Maurice Comte de Saxe, par l'Abbé Perau. Paris 1757. 2 vol. gr. pap. avec fig. 4.

Mesure (de la) du Temps, par F. Berthoud. Paris 1787. avec fig. 4.

Métallurgie, ou l'Art de tirer & de Purifier les Métaux, par Barba. Paris 1751. 2 vol. avec fig. 12.

Métamorphoses d'Ovide, en Latin. Trad. en François avec des remarques par l'Abbé B nier. Très belle Edition, ornée de CXL. Estampes d'Eisen, le Mire, Gravelot & autres Artistes célèbres. Paris 1768. 4 vol. 4.

——— le même ouvrage, en Hollandois, avec les mêmes figures. 2 vol. 4.

Métamorphoses d'Ovide, (les) avec de remarques par Banier. Paris 1738. 2 vol. 4.

——— le même ouvrage. Paris 1788. 3 vol. avec fig. 12.

Métamorphoses (les) d'Ovide, Traduit par de Bellegarde. Paris 1712. 2 vol. avec fig. 8.

Métamorphoses (les) d'Ovide, Trad. par du Ryer. La Haye 1744. 4 vol. avec fig. gr. 12.

Métamorphoses d'Ovide en Rondeaux. 2 vol. avec fig. 8.

Métamorphoses d'Ovide, Trad. par Malfilatre, à l'usage des Ecoles primaires. Paris VII. 3 vol. avec fig. gr. 8.

Métamorphoses d'Ovide, Trad. en vers François, par De-Saint Ange. Paris 1800. 2 vol. gr. 8.

Métamorphoses (les) ou l'Ane d'or d'Apulée. Paris 1787. 2 vol. avec fig. gr. 8.

Métamorphoses (les) de la Religieuse. Amst. 1768. 2 part. 12.

Météorologie des Cultivateurs. Paris 1798. 12.

Methode pour étudier l'Histoire, par l'Abbe Lenglet du Fresnoy. Paris 1772. 15 vol. 12.

Methode pour étudier la Geographie, par Lenglet du Fresnoy. Paris 1768. 10 vol. avec fig. 12.

Methode pour guérir les maladies, par Lazerne. Paris 1753. 2 vol. 12.

Methode & Invention Nouvelle, par dresser les Chevaux, par de Newcastle. Londr. 1737. grand pap. avec fig. folio.

Me-

Methode (Nouvelle) raisonnée du Blason, par Menestrier. Lyon 1780. avec fig. 8.

Methode (Nouvelle) d'enseignement pour la premiere Enfance, par Genlis. Hamb. 1799. 12.

Methode d'enseigner l'A. B. C. Paris 1798. avec fig. 12.

Microscope (le) à la portée de tout le monde, par H. Baker. Paris 1754. avec fig. 8.

Mille & une Nuit, Contes Arabes. La Haye 1707. 12 vol. pet. form.

Mille (les) & un Jour, Contes Persans. Paris 1766. 5 vol. 12.

Mille (les) & une Soirées, Contes Mogoles. Paris 1765. 3 vol. 12.

Mille & une heure, Contes Péruviens. Paris 1734. 2 vol. 12.

Mille (les) & un Quart-d'heure, Contes Tartares. Paris 1753. 3 vol. 12.

Mille (les) & une Faveurs, Contes de Cour. Londr. 1783. 5 vol. 12.

Mille (les) & une Folies, Contes François. Amst. 1784. 4 vol. 12.

Milice (la) des Grecs, ou Tactique d'Elien, par de Bussy. Paris 1757. 2 vol. 12.

Militaire (le) en Solitude, ou le Philosophe Chrétien. La Haye 1736. 12.

Minéralogie, ou Exposition du Regne Minéral, par de Bomare. Paris 1774. 2 vol. gr. 8.

Ministre (le) de Wakefield. Liege 1781. 2 vol. 12.

Miralba, Chef des Brigands. Paris VIII. 2 vol. avec fig. 12.

Mis-mac-rea Roman, par d'Aubertueil. Philadelphie 1784. pet. form.

Mirza-Nadir, ou Memoires & Avantures du Marquis de S. T***. La Haye 1749. 4 vol. 12.

Modèles de l'Héroïsme & vertus Militaires. Paris 1780. 2 vol. 12.

Modeles de Lettres sur différens Sujets. Lyon 1787. 12.

Mœurs, coutumes & usages des anciens Peuples, par Sabbathier. Paris 1770. 3 vol. 12.

Mœurs (les) & usages des Grecs, par Menard. Lyon 1743. 12.

Mœurs & usages des Turcs & Histoire Ottomane, par Guer. Paris 1747. 2 vol. avec fig. 4.

Mœurs des Sauvages Américains comparées aux mœurs des premiers temps, par le P. Lafiteau. Paris 1724. 2 part. 1 vol. avec fig. 4.

Mœurs & Coutumes des François, par Poullin de Lumina. Lyon 1769. 12.

Mœurs, (les) par Toussaint. Amst. 1777. 3 part. 12.

Mœurs (les) du Jour, ou l'Histoire de Sir William Harrington. Amst. 1785. 4 part. 12.

Moine, (le) Paris 1797. 4 vol. avec fig. pet. form.

Mois, (les) Poëme en XII. Chants, par Roucher. Liege 1780. 4 part. 8.

Mon oncle Thomas, par Pigault le Brun. Paris 1800. 4 vol. 12.

Mon Radotage, par un Invalide. 1760. 12.

Monarchie (de la) Prussienne, sous Fréderic le Grand, par Mirabeau. Londr. 1788. 8 vol. gr. 8. & Atlas in 4.

Monarchie des Solipses. Amst. 1722. 12.

Monde (le) son Origine & son Antiquité. Londr. 1778. gr. 8.

Monde (le) Moral. Gen. 1764. 2 vol. 12.

Monde, (le) par Fitz-Adam. Leide 1757. 2 vol. 12.

Montalais & Héléna, ou le choix de ma Tante. Paris 1801. 2 vol. avec fig. 12.

Montalbert & Rosalie. Paris 1800. avec fig. 12.

Monumens authentiques de la Religion des Grecs, par Aymon. La Haye 1708. 4.

Morale (la) de Tacite, par Amelot de la Houssaye. Paris 1686. 12.

Morale (la) d'Epicure, par Batteux. Paris 1758. 8.

Morale (la) Universelle, ou les devoirs de l'Homme fondés sur la Nature. Amst. 1776. 3 vol. gr. 8.

——— le même ouvrage. Amst. 1776. 3 vol. 4.

Morale des Princes, par Comazzi. Paris 1754. 2 part. 12.

Morale (la) de l'Enfance, par Morel Vindé. Paris 1801. avec fig. per. form.

Morale des Enfans, ou Entretiens Moraux, par Campe. Francf. 1791. 8.

Morceaux extraits de l'Histoire Naturelle de Pline, par Gueroult. Paris 1785. gr. 8.

Mort (la) d'Abel de Gessner, par Huber. Amst. 1762. 12.

Moses Mendelsohn, (sur) par de Mirabeau. Londr. 1787. gr 8.

Moyen (le) de plaire à Dieu sous l'Evangile, par Hoadly. Laus. 1752. 12.

Moyens de conserver la santé aux Equipages des Vaisseaux par du Hamel du Monceau. Paris 1759. avec fig. 12.

Moyen de devenir Peintre en trois heures. Amst. 1766. 12.

Moyen d'apprendre à compter surement & avec facilité, par Condorcet. Paris VII 12.

Moyen (le) de Parvenir. 1773. 2 vol. 12.

Musée des Monumens François, par Lenoir. Paris 1800. avec fig. gr. 8.

Mysteres (les) du Christianisme. Londr. 1775. 2 vol. gr. 8.

Mysteres d'Udolphe. Paris 1798. 6 vol. avec fig. pet. form.

Mythologie, ou l'Histoire des Dieux, par du Puy. Paris 1731. 2 vol. 12.

Mythologie & les Fables. expliquées par l'Histoire, par Banier. Paris 1742. 8 vol. 12.

Mythologie comparée avec l'Histoire, par Tressan. Hamb. 1798. 4 vol. 18.

N.

Nadir, Histoire Orientale, Roman moral & politique. La Haye 1769. 8.

Narcisse dans l'Isle de Venus, Poëme, avec de sup. fig. Paris. gr. pap. 8.

Nature (de la) par Robinet. Amst. 1761. 4 vol. gr. 8.

Naudaeana & Patiniana. Amst. 1703. 12.

Négociations Secrettes touchant la Paix de Munster & d'Osnabrug. La Haye 1724. 4 vol. folio.

Négociations de Mr. le Comte d'Avaux. Paris 1752. 6 vol. 12.

Nègre (le) comme il y a peu de Blancs. Paris III. 3 vol. 18.

Neraïr & Melhoë, Conte ou Histoire. 1748. 2 vol. 8.

Nine, par M. D. B. Paris 1756. 2 part. 12.

Nœud (le) Gordien. Londr. 1770. 4 part. 12.

Nord (le) du Globe, par Pennant. Paris 1789. 2 vol. avec fig. gr. 8.

Notice de l'Ancienne Gaule, tirée des Monumens Romains, par d'Anville. Paris 1768. 4.

Notice Historique pour & contre les descentes qui ont été faites dans les Isles Brittanniques. 1798. gr. 8

Notions Mathematiques de Chimie & de Médecine, ou Théorie du feu, par Mangin. Paris 1800. gr. 8.

Nourriture (la) de l'Ame, par Ostervald. Rott. 1800. gr. 8.

Nourjahad, Histoire Orientale, Trad. de l'Anglois. Paris 1769. 12.

Nouveau (le) Testament de N S. J. Christ. Trad par Beausobre & l'Enfant. Amst. 1741. 2 vol 4.

Nouveau (le) Testament, par J. le Clerc. Amst. 1703. 4.

Nouveau (le) Testament. Londr. 1734. gr. 8.

Nouveau (le) Testament, Trad. par ordre de Monseigneur l'Evesque & Comte de Chalons. Brux. 1702. 8 Tom. 4 vol. 12.

Nouveau Testament avec les Pseaumes, en divers formats & relieures.

Nouveau Systéme de l'Univers, par Mathieu. Paris VII. 8.

Nouveau (le) parfait Maréchal, par Garsault. Paris 1755. 2 vol. avec fig. 4.

Nouveau voyage en Espagne. Paris 1789. 3 vol. avec fig. gr. 8.

Nouveau voyage en Egypte, par Browne. Paris 1800. 2 vol. avec fig. gr. 8.

Nouveau (le) Paris, par Mercier. Paris 1800. 6 vol. 12.

Nouveau Traité d'Education. Amst. 1714 2 vol. avec fig. 12.

Nouveau Manuel Epistolaire. Caen 1787. 2 vol. 12.

Nouveau (le) Secretaire du Cabinet. Paris 1778. 12.

Nouveau (le) Secretaire de la Cour. Rouen 1787. 12.

Nouveau (le) & parfait Secretaire en Holl. & François. Amst. 1732. 12.

Nouveau (le) Secretaire François-Allemand, par J. C. Potevin. Strasb. 1775. 8.

Nouveau Spectateur, par Bastide. Amst. 1760. 2 Tom. 4 part. 12.

Nouveau Théatre Anglois. Londr. 1767. 2 vol. 12.

Nouveau Théatre Allemand, par Friedel & de Bonneville. Paris 1785. 12 vol. 8.

Nouveau Diable Boiteux. Paris VII. 2 vol. avec fig. gr. 8.

Nouveau (le) Don Quichotte de Wieland, par Mad. d'Ussieux. Bouillon 1770. 4 part. gr. 8.

Nouveau (le) Faublas. Paris VII. 4 vol. avec fig. pet. form.

Nouveau (le) Robinson, par Campe. Amst. 1790. 2 part. 12.

Nouveau (le) Werther. Neuchat. 1786. 8.

Nouveaux Savans de Société, ou Recueil de Jeux la pluspart neufs & inconnus. Paris 1801. 12.

Nouveaux (mes) torts. Paris 1775. 8.

Nouvelle Encyclopédie portative, ou Tableau Général des connoissances humaines. Paris 1766. 2 vol. 8.

Nouvelle Mécanique, ou Statique de Varignon. Paris 1725. 2 vol. 4.

Nouvelle (la) maison rustique, par Liger. Paris 1775. 2 vol. avec fig. 4.

Nouvelle Correspondance, ou choix de Lettres intéressantes. Paris 1789. 12.

Nouvelle Histoire Poëtique. Paris 1751. 2 vol. 12.

Nouvelle Methode d'enseignement pour la premiere Enfance, par Mad. de Genlis. 1799. 12.

Nouvelle maniere de jouer aux Echecs, par Stamma. Utr. 1777. 12.

Nouvelle (la) Clarice, par Mad. Beaumont. Amst. 1768. 2 vol. 12.

Nouvelle Clémentine, par Léonard. Paris 1774. 12.

Nouvelle (la) Femme, ou Histoire de Miss Jenny Wesbury. Paris 1771. 2 part. 12.

Nouvelle (la) Marianne. La Haye 1772. 2 vol. 12.

Nouvelles (Choix de) causes célébres, par Desessarts. Paris 1785 15 vol. 12.

Nouvelles Historiques, par d'Arnaud. Mastr. 1785. 3 vol. 12.

Nouvelles de Michel de Cervantes, par Chassonville. Laus. 1744. 2 vol. avec fig. 12.

Nouvelles Espagnoles, par d'Ussieux. Paris 1772. 2 vol. 12.

Nouvelles Historiettes en vers, par Imbert. Paris 1781. 8.

Nuit (la) & le moment, ou les Matines de Cythere. Amst. 1770. avec fig. 12.

Nuits (les) Young, par le Tourneur. Amst. 1770. 2 vol. 12.

Nuits (les) Angloises. Paris 1770. 2 vol. 12.

Nuits (les) Champêtres, par de la Veaux. Laus. 1784. 8.

Nuits (les) Parisiennes. Londr. 1769. 2 vol. 12.

Numa Pompilius, par Florian. Paris 1798. 2 vol. pet. form.

——— le même ouvrage. François & Anglois. Brux. 1790. 4 vol. avec fig. 18.

Nymphomanie, où Traité de la fureur Utérine, par de Bienville. Amst. 1772. 12.

O.

Observateur (l') Impartial aux Armées de la Moselle, des Ardennes, de Sambre & Meuse, & de Rhin-Moselle, depuis 1792—1796, par le Comte. Paris 1797. 8.

Observations sur l'Histoire & sur les Preuves de la Résurrection de Jésus-Christ, par West. Paris 1757. 12.

Observations sur le Livre intitulé Système de la Nature, par de Castillon. Berl. 1771. gr. 8.

Observations Mathématiques, Astronomiques, &c. par Souciet. Paris 1732. 3 vol. avec fig. 4.

Observations sur le Froid Rigoureux, par van Swinden. Amst. 1778. gr. 8.

Observations sur la Physique, sur l'Histoire Naturelle & sur les Arts, par l'Abbé Rozier. Paris 1772. 12 part. 6 vol. avec fig. 12.

Observations sur l'Hist. Naturelle de Buffon, par Lamoignon Malesherbes. Paris 1798. 2 vol. gr. 8.

Observations sur divers moyens de l'Agriculture. 1756. 2 part. 12.

Observations d'Histoire Naturelle, faites avec le Microscope, par Joblot. Paris 1754. 4 part. 2 vol. avec fig. 4.

Observations Physiques & Morales sur l'Instinct des Animaux, par Reimar. Amst. 1770 2 vol. 12.

Observations sur la Statue de Marc-Aurele, par Falconet. Amst. 1771. 12.

Observations sur la Religion, les Loix, le Gouvernement & Mœurs des Turcs, par Porter. Neuchat. 1770. 12.

Observations Historiques & Geographiques sur les Peuples Barbares, par Peyssonnel. Paris 1765. gr. 8.

Observations d'un Voyageur sur la Russie, par Abel Burja. Mastr. 1787. gr. 8.

Observations sur le Commerce de la Mer noire. Amst. 1787. 12.

Observations sur l'Histoire de France, par Mably. Kehl 1788. 6 vol. 12.

Observations sur l'Italie & sur les Italiens. Londr. 1770. 4 vol. 12.

Observations de Médecine, par J. Raulin. Paris 1754. 12.

Observations sur les maladies des Nègres, par Dazille. Paris 1776. 8.

Observations sur les maladies des Armées, par Pringle. Paris 1755. 2 vol. 12.

Observations sur la cure radicale des Polypes, par Levret. Paris 1759. avec fig. gr. 8.

Observations de Chirurgie, par le Dran. Paris 1731 2 vol. 12.

Observations Chirurgicales sur les maladies de Urethre, par Daran. Paris 1768. 12.

Observations sur la distinction des Rangs dans la Société, par Millar. Amst. 1773. 12.

Observations d'un Dialecticien sur les 91 Questions de Mathématique, &c. adressées par l'Institut de France à l'Institut de l'Egypte. Paris VII. 4.

Observations sur l'Art du Comédien, par d'Hannetaire. Paris 1775. gr. 8.

Ocellus Lucanus en Grec & en François, par le Marquis d'Argens. Berl. 1762. 8.

Octavia. Paris 1801. 3 vol. 12.

Odazir, ou le Jeune Syrien. La Haye 1772. 8.

Oderahi. Histoire Américaine. Paris 1800 12.

Odes Sacrées, ou les Pseaumes de David, par Garcin. Amst. 1764. gr. 8.

Odyssée d'Homere, Traduit en vers, par Rochefort. Paris 1777. 2 vol. 8.

Oeuvre (petit) d'Architecture de Jean Marot. Paris 1764. grand pap. 4.

Oeuvres d'Ausone, par Jaubert. Paris 1769. 4 vol. 12.

Oeuvres de Ciceron, Traduction Nouvelle, par Gueroult. Paris 1789. 8 vol. 12.

Oeuvres complettes de Claudien. Paris 1798. 2 vol. gr. 8.

Oeuvres complettes de Demosthene & d'Eschine, par l'Abbé Auger. Paris. 4 vol. 8.

Oeuvres d'Homere, Trad. en françois avec des remarques, par Mad. Dacier. Amst. 1766. 7 vol. avec fig. 12.

Oeuvres d'Homere, Trad. par Dacier. Gen. 1779. 4 vol. gr. 8.

Oeuvres d'Horace, en Latin & en François, Trad. par Dacier & le Pere Sanadon, avec des remarques. Amst. 1735. 8 vol. 12.

—— le même ouvrage. Hamb. 1738. 10 vol. 12.

Oeuvres de Horace, Trad. en Vers, par Daru. Paris 1797. 2 vol. gr. 8.

Oeuvres de Plaute, en Latin & en François, Trad. par Limiers. Amst. 1719. 10 vol. avec fig. 12.

Oeuvres Morales de Plutarque, par Ricard. Paris 1783. 5 vol. 12.

Oeuvres de Seneque le Philosophe, Trad. par la Grange. Paris 1778. 6 vol. 12.

Oeuvres de Tacite, avec des remarques, par Amelot de la Houssaye. 1748. 10 vol. 12.

Oeuvres du Comte Algarotti. Berl. 1772. 6 vol. 12.

Oeuvres du Chancelier d'Aguesseau. Paris 1759. 11 vol. 4.

Oeuvres du P. André. Paris 1767. 4 vol. 12.

Oeuvres Dramatiques de d'Arnaud. Amst. 1782. 2 vol. avec fig. 12.

Oeuvres Philosophiques & Morales, par d'Arnaud. Paris 1768. 8.

Oeuvres de M. Autreau. Paris 1749 4 vol. 12.

Oeuvres diverses du Sr. de Balzac. Leide chez Elzevier. 1658. pet. form.

Oeuvres de Théatre de Baron. Paris 1742. 2 vol. 12.

Oeuvres diverses de Barthelemy. Paris 1798. 2 vol. gr. 8.

Oeuvres de Bayle. La Haye 1731. 4 vol. folio.

Oeuvres de Beaumarchais. 1780 5 vol. gr. 8.

Oeuvres Mêlées de Mad. le Prince de Beaumont. Mastr. 1775. 3 vol. 12.

Oeuvres de l'Abbé de Bellegarde. La Haye 1761. 15 vol 12.

Oeuvres de Belloy. Paris 1779. 6 vol. gr. 8.

Oeuvres de Bernard Palissy. Paris 1777. 4.

Oeuvres de Bernardin de St. Pierre. Paris 1791. 8 vol. avec fig. pet. form.

Oeuvres Complètes de Bernis. Paris 1798. 3 vol. 4.

Oeuvres choisies de Berquin. Paris 1796. 15 vol. pet. form.

Oeu-

Oeuvres de Boileau Despreaux avec des Eclaircissemens Historiques, avec fig. de Picart le Romain. Amst. 1729. 2 vol. grand pap. folio.

——— le même ouvrage. Amst. 1772. 5 vol. avec fig. gr. 8.

——— le même ouvrage. 5 vol. avec fig. 12.

——— le même ouvrage. Paris 1747. 5 vol. avec fig. 8.

——— le même ouvrage. sans notes. Paris 1788.

Oeuvres de Théatre de Boissy. Paris 1773. 8 vol. 12.

Oeuvres complettes de Bonnet. 7 vol. avec fig. 4.

Oeuvres diverses de Borde. Lyon 1783. 2 Tom. 4 vol. gr. 8.

Oeuvres de Théatre de Boursault. Amst. 1721. 2 vol. 12.

Oeuvres de Brantome. Paris 1787. 8 vol. 8.

——— le même ouvrage. Londr. 1779. 15 vol. 12.

Oeuvres de Théatre de M. de Brueys & Palaprat. Paris 1755. 5 vol. 12.

Oeuvres de Campistron. Paris 1731. 3 vol. 12.

Oeuvres de Cervantes. Amst. 1768. 8 vol. avec fig. de Coypel, &c. 12.

Oeuvres de Chamfort. Paris 1794. 4 vol. gr. 8.

Oeuvres (les) de Champmeslé. Paris 1742. 2 part. 12.

Oeuvres du Sieur de la Chapelle. Paris 1700. 2 part. 1 vol. 12.

Oeuvres de Chapelle & de Bachaumont. Paris 1755. 12.

Oeuvres de Chaulieu. La Haye 1774. 2 vol. gr. 8.

Oeuvres de Chaulieu & de la Farre. Amst. 1750. 12.

Oeuvres de la Chaussée. Amst. 1757. 3 vol. 12.

——— le même ouvrage. Paris 1777. 5 vol. 12.

Oeuvres de Cochin, contenant Recueil, Memoires & Consultations. Paris 1771. 6 vol. 4.

Oeuvres de Colardeau. Liege 1778. 2 vol. pet. form.

Oeuvres de Condillac. Paris 1795. 14 vol. pet. form.

Oeuvres de P. & T. Corneille. Paris 1759. 19 vol. 12.

——— le même ouvrage. Amst. 1754. 11 vol. avec fig. 12.

Oeuvres (Chef d') Dramatiques de P. & T. Corneille. Londr. 1713. 5 vol. 18.

Oeuvres de l'Abbé Coyer. Paris 1764. 2 vol. 12.
Oeuvres de Crebillon. Paris 1750. 2 vol. 4.
——— le même ouvrage. Paris 1785. 3 vol avec fig. gr. 8.
——— le même ouvrage. Paris 1754. 3 vol. 12.
——— le même ouvrage. Londr. 1715. 3 vol. pet. form.
Oeuvres de Cyrano de Bergerac. Amst. 1741. 3 vol. 12.
Oeuvres mêlées de Danchet. Paris 1751. 4 vol. 12.
Oeuvres (les) de Théatre de Dancourt. Paris 1760. 12 vol. 12.
Oeuvres Chirurgicales de Desault. Paris 1798. 2 vol. gr. 8.
Oeuvres de Desforges Maillard. Amst. 1759. 2 vol. 12.
Oeuvres de Mad. Deshoulieres. Paris 1764 2 vol. 12.
Oeuvres Complettes de M. Desmahis. Mastr. 1773 12.
Oeuvres de M. Destouches. Paris 1772. 10 vol. 12.
——— le même ouvrage. Amst. 1755. avec fig. 5 vol 12.
Oeuvres Philosophiques de Diderot. Paris 1773. 5 vol. avec fig. gr. 8.
Oeuvres de Théatre de Diderot. Amst. 1772. 2 vol. gr. 8.
Oeuvres diverses de J. van Effen. Amst. 1742. 5 vol. 12.
Oeuvres Mêlées de M. de la Fargue. Paris 1765. 2 vol. avec fig. 12.
Oeuvres Complettes de M. le Febure. Mastr. 1778. 2 vol. avec fig. 4.
Oeuvres de Fielding Gen. 1781. 15 vol. 12.
Oeuvres Complettes de Florian, contenant son Théatre, 3 vol. Numa Pompilius, 2 vol. Gonzalve de Cordoue, 3 vol. Estelle, Galatée, Mélanges, Nouvelles, Nouvelles nouvelles, Fables, Don Quichotte, 6 vol. Oeuvres posthumes, & sa Vie. Paris *de l'Imprimerie de Didot*, ensemble 22 vol. avec fig. pet. form.
——— les mêmes ouvrages, d'autres Editions.
Oeuvres diverses de la Fontaine. Paris 1758. 4 vol. 12.
Oeuvres de Fréderic II. publiés du vivant de l'Auteur. Amst. 1790. 4 vol. avec fig. 12.
Oeuvres Posthumes de Fréderic II, Roi de Prusse. Berl. 1788. 15 vol. gr. 8.
Oeuvres Posthumes de Fréderic II. Amst. 1789. avec sa Vie, par Denina. 16 vol. 12.
Oeuvres de Théatre de Gernevalde. Amst. 1784. gr. 8.

Oeuvres Complettes de Gessner. Laus. 3 vol. avec fig. 18.
Oeuvres (les) de l'Abbé Girard. Leide 1762. 2 vol. 12.
Oeuvres de Chirurgie de Goulard. Liege 1779. 2 vol. 12.
Oeuvres de le Grand. Paris 1770. 4 vol. 12.
Oeuvres de la Grange-Chancel. Paris 1758. 5 vol. 12.
Oeuvres Philosophiques de 's Gravesande. Amst. 1774. 2 vol. avec fig. 4.
Oeuvres diverses de Grecourt. Amst. 1782. 4 vol. avec fig. 12.
Oeuvres de Gresset. Londr. 1767. 2 vol. 12.
Oeuvres de Théatre de Guyot de Merville. Paris 1766. 3 vol. 12.
Oeuvres de Hamilton. 1777. 6 vol. 12.
Oeuvres de la Harpe Paris 1778. 7 vol. gr. 8.
Oeuvres de Théatre de Hauteroche. Paris 1742. 3 vol. 12.
Oeuvres complettes d'Helvetius. Paris 1776. 6 vol. gr. 8.
Oeuvres Philosophiques de Hemsterhuys. Paris 1792. 2 vol. gr. 8.
Oeuvres de Henckel. Paris 1760. avec fig. 4.
Oeuvres de Houdar de la Motte. Paris 1754. 10 vol. 12.
Oeuvres Philosophiques de D. Hume. Londr. 1764. 6 vol. 8.
Oeuvres de Mad. de Lambert. Paris 1785. 2 vol. 12.
Oeuvres Philosophiques, Latines & Françoises de Leibnitz. Amst. 1765 4.
Oeuvres diverses de Locke. Amst. 1732. 2 vol. 4.
Oeuvres Politiques de l'Abbé de Mably. Amst. 1777. 4 vol. gr. 8.
Oeuvres Posthumes de Mably. Paris 1798. 3 vol. gr. 8.
Oeuvres de Machiavel. La Haye 1745. 6 vol. 12.
Oeuvres Posthumes de J. L. Magnet. Amst. 1775. gr. 8
Oeuvres de Théatre de Marivaux. Amst. 1757. 4 vol. 12.
Oeuvres de Clement Marot. La Haye 1731. 4 vol. grand pap. 4.
—— le même ouvrage, 6 vol. 12.
Oeuvres de Marmontel. Paris 1777. 11 vol. gr. 8.
Oeuvres de Maupertuis. Lyon 1768. 4 vol. gr. 8.
Oeuvres de Raphael Mengs. Paris 1786. 2 vol. 4.
Oeuvres Philosophiques de la Metrie. Amst. 1764. 3 vol. 12.

Oeuvres de Moliere. Paris 1734. 6 vol. avec fig. 4.

—— le même ouvrage, avec les Notes de Bret. Paris 1772. 6 vol. avec fig. gr. 8.

—— le même ouvrage, avec Remarques de Voltaire. Amst. 1765. 6 vol. avec fig. 12.

Oeuvres de Montesquieu. Londr. 1767. 3 vol. 4.

—— le même ouvrage. Londr. 1762 3 vol. gr. 8.

Oeuvres posthumes de Montesquieu. Paris 1797. 12.

Oeuvres (les) de Montfleury. La Haye 1735. 2 vol. 12.

Oeuvres Philosophiques, par de la Motte Fenelon. Amst. 1721. 12.

Oeuvres de François La mothe le Vayer. Paris 1684. 15 vol. 12.

Oeuvres de l'Abbé Nadal. Paris 1738. 3 vol. 12.

Oeuvres de Théatre de la Noue. Paris 1765. 12.

Oeuvres de Palissot. Liege 1777. 7 vol. gr. 8.

—— le même ouvrage. Paris 1779 7 vol. 12.

Oeuvres diverses de Patru. Paris 1732. 2 vol. 4.

Oeuvres d'Etienne Pavillon. Amst. 1750. 2 part. 12.

Oeuvres d'Alexis Piron. Paris 1758. 3 vol. avec fig. 12.

—— le même ouvrage. Amst. 1764. 2 vol. 18.

—— le même ouvrage. Paris 1777. 9 vol. 12.

Oeuvres de Théatre de P. Poisson. Paris 1766. 2 vol. 12.

Oeuvres complettes de Pope. Paris 1780. 8 vol. avec fig. gr. 8.

Oeuvres diverses de Pope. Amst. 1767. 8 vol. avec fig. 12.

Oeuvres (les) de Pradon. Paris 1744. 2 vol. 12.

Oeuvres de Quevedo. La Haye 1776. 3 vol. avec fig. 12.

Oeuvres de Rabelais. Amst. 1741. 3 vol. avec des superbes figures. 4.

—— le même ouvrage. 1695. 2 vol. pet form.

Oeuvres de J. Racine, avec un Commentaire de Luneau de Boisjermain. Paris. 7 vol. avec fig. gr. 8.

—— le même ouvrage. Amst. 1763. 3 vol. avec fig. 12.

—— le même ouvrage. Paris 1755. 3 vol. 12.

—— le même ouvrage. Paris 1779. 3 vol 12.

Oeuvres de L. Racine. Amst. 1750. 6 vol. 12.

Oeuvres de l'Abbé Raynal. Gen. 1784. 4 vol. gr. 8.

Oeuvres de Regnard. Paris 1790. 6 vol. avec fig. gr. 8.

—— le même ouvrage. Paris 1778. 4 vol. 12.

Oeuvres Satyriques de Regnier, belle Edition en cadres rouges. Londr. 1733. 4.

Oeuvres de Remond de St. Mard. Amst. 1750. 5 vol. avec fig. 12.

Oeuvres de Reyrac. Paris 1798. gr. 8.

Oeuvres de Riviere du Fresny. Paris 1747. 4 vol. 12.

Oeuvres de J. M. P. Roland, Femme de l'Exministre de l'Interieur. Paris VIII. 3 vol. gr. 8.

Oeuvres de Jean Baptiste Rousseau. Brux. 1743. grand pap. 3 vol. 4.

—— le même ouvrage. Londr. 1781. 2 vol. pet. form.

Oeuvres de J. J. Rousseau. Amst. 1759. 19 vol. avec fig. gr. 12.

—— le même ouvrage, belle Edition de Paris, en 18 volumes avec figures, grand pap. 4.

Oeuvres mêlées de Rozoi. 2 part. 8.

Oeuvres de Rulhiere. Paris 1801. gr. 8.

Oeuvres de Théatre de le Sage. Paris 1764. 2 vol. 12.

Oeuvres mêlées du Philosophe de Sans Souci. Berl. 1760. 3 vol. 12.

Oeuvres diverses de Sauvages. Paris 1771. 2 vol. 12.

Oeuvres de St. Evremond. Amst. 1739. 7 vol. avec fig. 12.

Oeuvres complettes de M. de Saint-foix. Paris 1778. 6 vol. gr. 8.

Oeuvres de Théatre de Saint-foix. La Haye 1763. 2 vol. 12.

Oeuvres de Saint Marc. Paris 1775. grand pap. avec fig. 8.

Oeuvres de l'Abbé de Saint-Réal. Amst. 1740. 6 vol. 12.

Oeuvres de Scarron. Amst. 1757. 7 vol. pet form.

Oeuvres de Segrais. Paris 1755. 2 vol. 12.

Oeuvres de Shaftsbury. Gen. 1769. 3 vol. gr. 8.

Oeuvres Militaires, par de Sionville. Charleville 1756. 4 vol. avec fig. 12.

Oeuvres Posthumes du Comte de Thiard. Paris VII. 2 vol. 12.

Oeuvres de Thomas. Paris 1802. 7 vol. gr. 8.

Oeuvres diverses de Thomas. Lyon 1773. 2 vol. 12.

Oeuvres complettes de Tissot. Laus. 1783. 13 vol. 12.

Oeuvres de Tourreil. Paris 1745. 2 vol. 4.

Oeuvres choisies du Comte de Tressan. Paris 1787. 10 vol. avec fig. 8.

Oeuvres de Tyssot de Patot. Amst. 1727. 3 vol. 12.

Oeuvres de Vadé, superbe Edition de Paris. avec fig. gr. 4.

——— le même ouvrage. La Haye 1785. 3 vol. gr. 12.

Oeuvres Militaires de Vauban, *Nouvelle Edition*, par Foissac. Paris III. 3 vol. avec fig. gr. 8.

Oeuvres en Vers de l'Abbé de Villiers. La Haye 1717. 12.

Oeuvres de F. Villon. Paris 1723. 12.

Oeuvres de Winkelman. Paris II. 2 vol. avec fig. 4.

Oeuvres diverses de Young, par le Tourneur. Amst. 1772. 4 vol. avec fig. 12.

——— le même ouvrage. Paris 1796. 6 vol. avec fig. pet. form.

Offiande aux Autels & à la Patrie, par Roustan. Amst. 1764. 8.

Olinde, par l'Auteur des Memoires du Vicomte de Barjac. Gen. 1784. 2 part. 1 vol. pet. form.

Olivia, Roman, Trad. de l'Anglois. Paris 1788. 2 part. 12.

Onanisme, (l') par Tissot. Laus. 1797. 12.

Ondins, (les) Conte Moral, par Mad. Robert. Paris 1768. 2 part. 12.

Onze (les) Journées, Contes Arabes. Paris 1798. avec fig. 12.

Opérations des Changes des principales places de l'Europe, par Ruelle. Lyon 1775. gr. 8.

Ophelie, Roman, Trad. de l'Anglois. Amst. 1763. 12.

Opuscules (les) Spirituels de Mad. de la Motte Guion. Col. 1720. 12.

Opuscules Mathématiques, par d'Alembert. Paris 1761. 5 Tom. 6 vol. 4.

Opuscules Chimiques, par Beaumé. Paris 1798. gr. 8.

Opuscules de Rollin. Paris 1772. 2 vol. 12.

Oracles de Cos, par Aubry. Paris 1776. gr. 8.

Oraisons Funebres, par J. B. Bossuet. Paris 1764. 12.

Oraisons Funebres, par Mascaron. Paris 1704. 12.

Ordre Naturel des Oursins de Mer & Fossiles, par T. Klein. Paris 1754. avec fig. gr. 8.

Ordre (l') Naturel & Essentiel des Sociétés Politiques. Londr. 1767. 2 vol. 12.

Ordre (l') des Franc-Maçons trahi & le secret des Mopses revélé. Liege 1766. avec fig. 8.

Oreille, (l') Conte Asiatique. Paris 1789. 3 part. 12.

Orgueil (de l') National, par Zimmerman. Paris 1769. 12.

Origine de tous les Cultes, par Dupuis. Paris III. 8 vol. gr. 8. & Atlas. 4.

Origine (l') des Dieux du Paganisme, par Bergier. Paris 1767. 4 part. 2 vol. 12.

Origine (de l') des Loix des Arts & des Sciences, par Goguette. Paris 1778. 6 vol. 12.

Origines Gauloises celles des plus Anciens Peuples de l'Europe puisées dans leur vraie Source, par d'Auvergne Corret. Paris V. 8.

Origines, (les) ou l'Ancien Gouvernement de la France, &c. La Haye 1757. 4 vol. 12.

Ornèmens de la Memoire. Paris 1771. 12.

Oronoko, ou le Prince Nègre, par de la Place. Paris 1769. 12.

Orpheline (l') Angloise, ou Histoire de Charlotte Summers, par de la Place. Paris 1766. 4 vol. 12.

Orpheline (l') du Chateau, ou Emmeline, par Ch. Smith. Mastr. 1788. 4 vol. 12.

Orphelines (les) de Perse. Paris 1773. 12.

P.

Palais (le) Royal. Londr. 1792. 3 vol. 12.

Palais (le) des Curieux, ou l'Algebre & le sort. Madrid 1793. 12.

Palingénésie (la) Philosophique, par Bonnet. Lyon 1770. 2 vol. gr. 8.

Palma, ou l'Isle de la Montagne noire, par J. A. Gardy. Paris 1801. 18.

Pamela, ou la Vertu recompensée, Trad. de l'Anglois. Amst. 1744. 4 vol. avec fig. 12.

Panégyriques & autres Sermons, par Fléchier. Lyon 1752. 3 vol. 12.

Paradis (le) perdu de Milton & Paradis Reconquis. Lyon 1781. 12.

Paradis (le) perdu de Milton, avec remarques d'Addisson. Paris 1778. 3 vol. 12.

—— le même ouvrage. Traduction Nouvelle avec des Notes. Paris VIII 2 vol. gr. 8.

Parallele de la Doctrine des Payens. Amst. 1731. gr. 8.

Parallele de la Condition & des Facultés de l'Homme, & des Animaux, par Robinet. 1759. 12.

Parallele des Romains & des François, par Mably. La Haye 1741. 2 vol. 12.

Parallele de l'Architecture Antique & de la Moderne. Paris. grand pap. avec fig. folio.

Parfait (le) Ambassadeur, par Antonio de Vera. Leide 1709. 2 vol. 12.

Parfait (le) Capitaine, ou Abregé des Guerres. 1757. 12.

Parfait (le) Maréchal, par de Soleysel. Paris 1754. 2 vol. avec fig. 4.

Parfait (le) Cocher, ou l'Art d'entretenir & de conduire un Equipage en Ville & à la Campagne. Paris 1777. 18.

Parfait (le) Vigneron, ou l'Art de Faire les Vins. Liege 1785 12.

Parfait (le) Indigotier, par Monnereau. Marseille 1765. avec fig. 12.

Parfait (le) Négociant, par Savary. Paris 1749. 2 vol. 4.

Parfaite (la) Intelligence du Commerce. Paris 1785. 2 vol. & Suppl. gr. 8.

Parfaite connoissance des Chevaux, par de Saunier. La Haye 1734. grand pap. avec fig. folio.

Partisan (le) ou l'Art de faire la petite Guerre, par de Jeney. La Haye 1759 8.

Parvenu (le) du Jour, ou la Caricature Physique & Morale. Paris 1801. 12.

Passepartout (le) de l'Eglise Romaine, par Ga in. Londr. 1727. 3 vol. 12.

Passe-temps (le) Royal de Versailles. Cologne 1695. pet. form.

Passe-temps (le) agréable, ou Nouveau choix des Bons Mots. Amst. 1769. 2 vol. 12.

Passions, (des) par l'Auteur du Traité de l'Amitié. Londr. 1764. 12.

Pasteur (le) Evangélique, par Rocques. Basle 1723. 4.

Pas-

Pastorales & Poëmes de Gessner. Paris 1766. 8.

Paul & Virginie, par Bernardin de St. Pierre. Paris 1795. pet. form.

Paulin, ou les Avantures du Comte de Walter. Paris 1797. 2 vol. avec fig. 12.

Pauline & moi, par Berthevin Paris 1797. pet. form.

Pauliska, ou la perversité moderne. Paris 1798. 2 vol. avec fig. 12.

Pausanias, ou Voyage Historique de la Grèce, Trad. en François, par l'Abbé Gedoyn. Paris 1733. 4 vol. 12.

Paysan Gentilhomme. La Haye 1738. pet. form.

Paysan Parvenu, ou les Memoires de M***, par de Marivaux. La Haye 1756. 8 part. 12.

Paysanne (la) Parvenue, par de Mouhy. Amst. 1740. 12 part. 8.

Peinture, (la) Poëme en III. Chants, par le Mierre. Paris 1769. grand pap. avec fig. 8.

——— le même ouvrage. Amst. 1770. avec fig. 12.

Pensées de Pascal sur la Religion. Amst. 1765. 2 vol. 12.

Pensées diverses écrites à un Docteur de Sorbonne. Rott. 1704. 2 vol. 12.

Pensées de Ciceron, par d'Olivet. Amst. 1755. avec le Latin. 12.

Pensées morales de Seneque. Utr. 1780. 2 part. 8.

Pensées de Seneque, par de la Beaumelle. Paris 1768. 12.

Pensées Philosophiques. La Haye 1746. 12.

Pensées de Milord Bolingbroke. Amst. 1771. 12.

Pensées (les) Errantes. Paris 1758. 12.

Pensées & Réflexions Morales, par un Militaire. Paris 1768. 8.

Pensées d'Oxenstirn sur divers sujets. Paris 1756. 2 vol. 8.

Pensées (les) de Pope Paris 1766. 12.

Pensées de Rollin, par l'Abbé Lucet. Paris 1780. 12.

Pensées (les) de Voltaire. 1766. 2 part. 12.

Persile & Sigismonde, Histoire Septentrionale. Amst. 1740. 5 vol. 12

Petit (le) la Bruyère, par Mad. Genlis. Hamb. 1800. gr. 8.

Petit (le) Grandisson. La Haye 1791. avec fig. pet. form.

Petit Jacques & Georgette. Brux. 1793. 4 vol. 12.

Petit maître (le) Philosophe, ou Voyages & Avantures de Mainvilliers. 1751. 3 part. 12.

Petite Encyclopédie, ou Elemens des connoissances humaines. Liege 1767. 2 vol. 8.

Petite Chronique du Royaume de Tatoïaba, par Wieland. Paris 1798. 2 vol. avec fig. 12.

Petits Contes Moraux, à la portée des Enfans de 4 à 5 ans. Paris VII. 12.

Petits (les) Emigrés, par Genlis. Paris VII. 4 vol. avec fig. pet. form.

Petarade, (la) Poëme. Paris VII. 12.

Pharmacopée Universelle, par Lemery. Paris 1763. 2 vol. 4.

Pharmacopée du Collège Royal des Medecins de Londres. Paris 1771. 2 vol. 4.

Pharsale (la) de Lucain, Trad. en François, par Marmontel Paris 1767. 2 vol. gr. 8.

—— le même ouvrage. 2 vol. 12.

Phédon, par Mozes Mendelssohn. Amst. 1773. gr. 8.

Philippiques, (les) Odes par la Grange Chanel. Paris 1795. 12.

Philis (la) de Sciro du Comte Bonarelli. Brux. 1707. pet. form.

Philosophe (le) Chrétien, ou Discours Moraux, par Formey. Leide 1752. 6 vol. 12.

Philosophe (le) Chrétien, ou Lettres à un Jeune Homme. Avign. 1765.

Philosophe (le) Payen, par Formey. Leide 1759. 3 vol. 12.

Philosophe (le) Nouvelliste, ou le Babillard, Trad. de l'Anglois de Richard Steele, par de la Chapelle. Amst. 1745 2 vol. 12.

Philosophe (le) Ignorant. 1766. gr. 8.

Philosophe (le) Anglois, ou Histoire de Cleveland. Amst. 1744. 7 vol. avec fig. 12.

Philosophe (le) du Valais. Paris 1772. 2 part. 12.

Philosophie Morale, par M. S***. Londr. 1751. 12.

Philosophie (la) applicable à tous les objets, par Terrasson. Paris 1754. 8.

Philosophie de Kant, ou Principes fondamentaux de la Philosophie transcendentale, par Villers. Metz 1801, 2 part. gr. 8.

Philosophie de la Nature. Londr. 1778. 6 vol. avec fig. gr. 8.

—— le même ouvrage. 6 vol. 12.

Philosophie Chimique, par Fourcroy. Brux. III. gr. 8.

Philosophie (la) du Bon Sens, par Oliver. La Haye 1768. 3 vol. 12.

Philosophie du Bonheur. Paris 1799. 2 vol. gr. 8.

Philosophie du Sentiment. Paris 1788, pet. form.

Phrosine & Mélidore. Paris 1772. avec fig. 8.

Physique du Monde, par Marivetz & Goussier. Paris 1780. 3 vol. 4.

Physique (la) reduite en Tableaux, ou Programme du Cours de Physique à l'Ecole Polytechnique, par Barruel. Paris VII. 4.

Physique (la) des Dames, par de Rosnai. Liege 1774. 8.

Pièces Intéressantes & peu connues. Mastr. 1788. 2 vol. 12.

Pièces Philosophiques & Littéraires, par M. B. 1759. 12.

Pièces rélatives à Belisaire. Paris 1767. 12.

Piéd (le) de Fanchette. La Haye 1769. 3 part. 1 vol. 12.

Piété (la) Filiale. Paris 1798. gr. 8.

Pinto, ou la journée d'une Conspiration, par Lemercier. Paris VIII. gr. 8.

Plaisir, (du) ou du moyen de se rendre Heureux. Lille 1765. 2 part. 12.

Plan (le) de Dieu envers les Hommes, par Petit-Pierre. Amst. 1791. gr. 8.

Plans & Statuts de Catherine pour l'Education, par Betzky. Amst. 1775. 2 vol. avec fig. 4.

Plantes, (les) Poëme, par René Castel. Paris VII. avec fig. 18.

Platon. (Dialogues de) Amst. 1770. 2 vol. 12.

—— (Loix de) Amst. 1769. 2 vol. 12.

—— (la République de) Amst. 1763. 2 vol. 12.

Pleiade, (la) Françoise. Paris 1754. 2 vol. 12.

Poëme de Petrone sur la guerre civile entre César & Pompée. Amst. 1737. grand pap. 4.

Poësies d'Horace, Trad. en François avec des Notes, par le Pere Sanadon. Paris 1736. 8 vol. 12.

——— le même ouvrage. Trad. par le Batteux. Paris 1760. 2 vol. 12.

Poësies de l'Attaignant. Paris 1757. 4 vol. 12.

Poësies diverses, par l'Abbé de B***. Amst. 1762. 12.

Poësies diverses du Pere du Cerceau. Amst. 1749. 12.

Poësies de Guillaume Cretus. Paris 1723. 12.

Poësies de Guillaume Coquillart, Official de l'Eglise de Rheims. Paris 1723. 12.

Poësies de Martial de Paris dit d'Auvergne. Paris 1724. 2 vol. 12.

Poësies diverses. Berl. 1760. avec fig. 4.

Poësies de M. le Marquis de la Farre. Londr. 1781. pet. form.

Poësies de Haller. Bern. 1775 gr. 8.

Poësies Helvétiennes, par Mr. B*****. Laus. 1782. gr. 8.

Poësies pastorales, par Leonard. Paris. grand pap. avec fig 8.

——— le même ouvrage. Amst. 1771. 8.

Poësies de Malherbe. Paris 1776. 12.

Poëte, (le) ou Memoires d'un Homme de Lettres. Hamb. 1798. 4 vol. avec fig. 12.

Poëtique (la) d'Aristote, par Dacier. Amst. 1733. 12.

Poëtique de M. de Voltaire. Gen. 1766. 2 part. gr. 8.

Poëtique Françoise, par Marmontel. Paris 1763. 2 vol. gr. 8.

Poëtique Françoise à l'usage des Dames. Paris 1749. 2 vol. 12.

Poggiana, ou Sentences & Bons Mots & Histoire de Florence. Amst. 1720. 2 vol. 8.

Politique (la) Naturelle, ou discours sur les vrais Principes du Gouvernement. Londr. 1773. 2 vol. gr. 8.

Portefeuille d'un Physicien, par la Croix. Paris 1770. 2 part. 12.

Portefeuille de J. B. Rousseau. Amst. 1751. 2 vol. 12.

Portefeuille d'un Philosophe. Cologne 1770. 6 vol. 8.

Portrait de Fréderic le Grand, par Bourdais. Berl. 1788. 8.

Portraits des Rois de France, par Mercier. 1783. 4 vol. 12.

Pouvoir (du) des Souverains & de la Liberté de Conscience, par Barbeyrac. Amst. 1714. 12.

Pouvoir (du) exécutif dans les grands états, par Necker. 1792. 2 vol. gr. 8.

Pratique (la) des vertus Chrétiennes, par Chaufepié. Amst. 1782. 2 vol. 8.

Pratique de l'Art de faire éclorre des Oiseaux Domestiques, par Reaumur. Paris 1751. 12.

Pratique (la) du Jardinage, par Roger Schabol. Paris 1770. 3 vol. avec fig. 8.

Pratique (la) du Théatre, par d'Aubignac. Amst. 1715. 3 vol. gr. 8.

Précieuse Collection, ou Recueil de Pensées. 1786. 12.

Précis de l'Histoire Universelle, par Anquetil. Paris VII. 9 vol. 12.

Précis Historique & Expérimental des Phénomenes Electriques, par Sigaud de la Fond. Paris 1785. avec fig. gr. 8.

Précis sur la défense rélative au service de Campagne à l'usage de l'Officier d'Infanterie. Paris 1801. 18.

Précis de Chirurgie Pratique. Paris 1768. 2 vol. 8.

Presbytère, ou les illustres persécutés pendant la Revolution. Paris 1801. 2 vol. avec fig. 12.

Préservatif contre la Réunion, par l'Enfant. Amst. 1723. 5 vol. 8.

Prétendant (le) Lizancour. Cologne 1716. 3 part. 1 vol. pet. form.

Preuves de Conspirations contre toutes les Religions & Gouvernements de l'Europe, par Robison. Londr. 1798. 2 vol. 8.

Prieres, ou Exercices de Piété, par Zollikoffer. Amst. 1791. gr. 8.

Prieres sur tous les Chapitres de l'Ecriture Sainte. Gen. 1725. 2 vol. 12.

Prieres pour tous les jours, par Pictet. Gen. 1775. 12.

Prieuré de Derwent, ou Memoires d'une Orpheline. Paris 1798. 2 vol. avec fig. 12.

Prince (le) des Aigues-Marines & le Prince Invisible, Conte. Paris 1744. 12.

Princesse (la) de Cleves. Paris 1764. 2 vol. 12.

Principes de l'Histoire Sainte, par Demandes & Reponses. Londr. 1761. 3 vol. 12.

Principes (les) de la Religion, ou Catéchisme de l'Age Mur, par Alletz. Paris 1770. 12.

Principes de l'Histoire pour l'Education de la Jeunesse, par Lenglet du Fresnoy. Amst. 1756. 6 vol. 8.

Principes Politiques sur le Rappél des Protestans en France. Amst. 1764. 2 part. 12.

Principes du Droit Naturel, par Burlamaqui. Gen. 1763. 4.

Principes du Droit de la Nature & des Gens, par Burlamaqui, avec la suite du Droit de la Nature, par Félice. Yverd. 1766. 8 vol. 8.

Principes du Droit de la Nature & des Gens de Wolff, par Formey. Amst. 1758. 3 vol. 12.

Principes de la Législation Universelle. Amst. 1776. 2 vol. gr. 8.

Principes de tout Gouvernement. Paris 1766. 2 part. 12.

Principes Philosophiques, par Weiss. Geneve 1789. 3 vol. 12.

Principes d'Astronomie, ou le mouvement des Corps célestes, par Trabaud. Paris 1753. gr. 8.

Principes d'Astronomie Sphérique, par Mauduit. Paris 1765. avec fig. gr. 8.

Principes de Physique, par Chambon, & Traité des Métaux. Paris 1750. 2 vol. 12.

Principes sur le Mouvement & Equilibre, par Trabaud. Paris 1743. gr. 8.

Principes d'Optique, ou le mouvement de la Lumiere, par Trabaud. Paris 1753. gr. 8.

Principes (Nouveau) de la Perspective Linéaire. Amst. 1757. avec fig. gr. 8.

Principes (Nouveaux) d'Hydraulique, par Bernard. Paris 1787. 4.

Principes Fondamentaux de Fortification. Paris 1775. avec fig. gr. 8.

Principes (Nouveaux) d'Artillerie, par Robins. Dyon 1783. avec fig. gr. 8.

Principes de Chirurgie Paris 1746. 12.

Principes Physico-Chimiques, par Brisson. Paris 1798. avec fig. gr. 8

Principes de la Littérature, par Batteux. Paris 1774. 5 vol. 12.

Principes de Style, ou Observations sur l'Art d'écrire. Paris 1779. 12.

Principes (les Vrais) de la Lecture & de l'Orthographe, Viard. Paris 1778. gr. 8.

Progrès des Allemands dans les Sciences & les belles Lettres, par Bielfeld. Leide 1767. 2 vol. 8.

Promenades instructives. Paris 1798. 3 vol. pet. form.

Proverbes Dramatiques. Amst. 1781. 8 vol. gr. 8.

Proverbes (Nouveaux) Dramatiques. Liege 1785. 12.

Provinciales, (les) par de Montalte. Amst. 1734. 4 vol. 8.

Prusse (la) Littéraire sous Fréderic II. par Denina. Berl. 1790. 2 vol. 8.

Prussiens les dénoncés à l'Europe. Paris 1789. gr. 8.

Pseaumes, Traduits en Vers François, par J. S. Vernede. Amst. 1756. pet. form.

Pseaumes de David, avec, ou sans la Musique, en divers formats & rélieures.

Pyritologie de Henckel. Paris 1760. avec fig. 4.

Q.

Quadrille (le) des Enfans, par Berthaud. Liege 1793. avec fig. gr. 8.

Quatrains (les) des Sieurs de Pybrac, Favre & les Tablettes de la Vie & de la Mort de Matthieu. Amst. 1735. 8.

Quatre (les) Cousins, & l'Inventaire d'un mauvais riche. Paris VIII. 3 vol. avec fig. 12.

Quatre Dialogues sur l'immortalité de l'Ame, sur l'existence de Dieu, sur la Providence & sur la Religion, par Choisy & d'Augeau. Paris 1768. 12.

Quatre (les) heures de la Toilette des Dames, par Favre. Paris 1779. grand pap. avec fig. 8.

Quatre (les) parties du Jour, Trad. de l'Allemand de M. Zacherie. Paris 1769. avec fig. gr. 8.

Quatre (les) Poëtiques, par Batteux. Paris 1771. 2 vol. gr. 8.

Quatre (les) Romans. Paris 1798. 2 vol. avec fig. 12.

Quatre (les) Satyres, ou la fin du XVIII. Siecle, par Despaze. Paris VIII. gr. 8.

Querelles Littéraires. Amst. 1763. 4 vol. 12.

Questions sur l'Encyclopédie, par Voltaire. 1771. 9 vol. gr. 8.

Quintilien, de l'Instruction de l'Orateur, Trad. par l'Abbé Gedoyn. Paris 1718. 4.

—— la même ouvrage. Paris 1750. 4 vol. 12.

R.

Raison (la) en Délire, ou les Sages du Siecle. Amst. 1763. 3 vol. 12.

Rapport général des travaux de la Societé Philomatique à Paris, par Silvestre. Paris VII. gr. 8.

Rapporteur (le) Exact, ou Tables des cordes de chaque Angle, par Baudusson. Paris 1787. pet. form.

Recherche (de la) de la Vérité, par Malebranche. Paris 1772. 4 vol. 12.

Recherches Philosophiques sur les Preuves du Christianisme, par C. Bonnet. Amst. 1783. gr. 8.

Recherches sur les Mystères du Paganisme, par de Sainte-Croix. Paris 1784. gr. 8.

Recherches sur l'Entendement Humain, par Reid. Amst. 1768. 2 vol. 12.

Recherches sur les Modifications de l'Atmosphère, par de Luc. Paris 1784. 4 vol. gr. 8.

Recherches sur les Volcans Eteints du Vivarais & de Velay, par Fauyas de Saint Fond. Paris 1778. gr. pap. avec fig folio.

Recherches sur les causes particulieres des Phénomènes Electriques. Paris 1764. 12.

Recherches sur l'usage des Feuilles dans les Plantes, par Bonnet. Gott. 1754. avec fig. 4.

Recherches (Nouvelles) sur la Fievre Puerperale, par Doublet. Paris 1791. 12

Recherches pratiques sur les maladies Vénériennes, par Gardane. Paris 1774. gr. 8.

Recherches sur les Beautés de la Peinture, par Webb. Paris 1765. 8.

Recherches sur la Géographie des Anciens, par Gossellin. Paris VI. 2 vol. grand pap. avec fig. 4.

Recherches d'Antiquités Militaires, par de Lolooz. Paris 1770. avec fig. 4.

Recherches sur l'Origine des Découvertes. Paris 1766. 2 vol. gr. 8.

Recherches sur l'Origine du Despotisme Oriental. 1777. 12.

Recherches sur les Origines Celtiques, par Bacon Tacon. Paris VI. 2 vol. avec fig. gr. 8.

Recherches sur Malthe. Paris 1798. gr. 8.

Recherches Historiques sur l'Inde, Trad. de Robertson. Amst. 1792 avec des Cartes. 12.

Re-

Recherches philosophiques sur les Américains, & Défence de l'Auteur des Recherches. Berl. 1774. 3 vol. 12.

Recherches Historiques & Politiques sur les Etats Unis de l'Amérique Septentrionale. Paris 1788. 4 vol. gr. 8.

Recherches sur la Population des Généralités d'Auvergne, &c. par Messance. Paris 1766. 4.

Recherches sur la Nature & les Causes de la Richesse des Nations. Trad. de l'Anglois de Smith. Neuchat. 1792. 6 vol. 12.

Recherches sur le Commerce. Amst. 1784. 4 part. avec fig. gr. 8.

Récréations Mathématiques & Physiques, par Ozanam. Paris 1790. 4 vol. avec fig. gr. 8.

Récréations Physiques & Mathématiques, par Guyot. Paris 1770 4 vol. avec fig. enlum. gr. 8.

Récréations Chimiques de Model, par Parmentier. Paris 1774. 2 vol. gr. 8.

Récréations Historiques, Critiques, avec l'Histoire des Foux. La Haye 1758. 2 vol. 8.

Recueil nécessaire avec l'Evangile de la raison. Londr. 1776. gr. 8.

Recueil de Prieres, par Roques. La Haye 1762. gr. 8.

Recueil de Prieres, par Baudan de Vestric. Delft 1760. 8.

Recueil de diverses Pieces, par Leibnitz, Clarke, Newton &c. Amst. 1740. 2 vol. 12.

Recueil de Dissertations sur les Apparitions, les Visions & les Songes, par Lenglet du Fresnoy. Paris 1752. 4 part. 2 vol. 12.

Recueil de Discours sur diverses Matieres Importantes, par Barbeyrac Amst. 1731. 2 vol. 12.

Recueil Historique d'Actes, Memoires, Négociations & Traités, par Rousset. Amst. 1769. 23 vol. 8.

Recueil du Procès du Pere Girard & Cadiere. Amst. 1731. 6 vol. avec des superbes gravures. 12.

Recueil de Pieces du Procès du Marquis de Gesvres. Rott. 1714. 2 part. 12.

Recueil de Dissertations Physico-Chymiques, par de Machy. Paris 1774. 12.

Recueil d'Expériences & Observations sur la Pierre. Paris 1743. 2 part. 12.

Recueil des Oeuvres Physiques & Médecinales, par R. Mead. Bouill. 1774. 2 vol. gr. 8.

Recueil des Remedes Faciles & Domestiques, par Mad. Fouquet. Utr. 1741. 12.

Recueil d'Antiquités Egyptiennes, Etrusques, Grecques & Romaines, par le Comte de Caylus. Paris 1752. & suiv. 7 vol. avec fig. 4.

Recueil de Pieces intéressantes concernant les antiquités, &c. Paris 1788. 5 vol. avec fig. gr. 8.

Recueil Historique & Chronologique des faits Mémorables. Paris 1777. 2 vol. 12.

Recueil des Epoques les plus intéressantes de l'Histoire de France, par Viard. Paris 1770. avec le Tableau Chronologique. 12.

Recueil des Voyages de la Compagnie des Indes Orientales. Amst. 1754. 7 Tom. 12 vol. avec fig. 12.

Recueil des Voyages intéressantes, pour l'instruction de la jeunesse, par Campe. Francf. 1786. 7 vol. 12.

Recueil Amusant de Voyages en vers. Paris 1787. 7 vol. 12.

Recueil de Memoires sur les Etablissemens d'humanité, Trad. de l'Allem. & Anglois. Paris VII.

Cet ouvrage est continué.

Recueil Philosophique & Littéraire de la Société Typographique. Paris 1769. 3 vol. 12.

Recueil de quelques ouvrages de Mr. de Watelet. Paris 1784. gr. 8.

Recueil de Pensées Ingenieuses, par Berthelin. Paris 1752. 12.

Recueil de Pieces curieuses de Radicati. Amst. 1736. gr. 8.

Recueil de Lettres de Voltaire. Kell 1785. 18 vol. gr. 8.

Recueil de Lettres Françoises & Italiennes, par Antonini. Basle 1768. 8.

Recueil des Oeuvres de Mad. du Boccage. Lyon 1770. 3 vol. 8.

Recueil d'Epitaphes. Brux. 1782. 3 vol. 12.

Recueil des plus belles Pieces des Poëtes François. Paris 1752. 6 vol. 12.

Recueil des meilleurs Contes en Vers. Paris 1774. gr. 8.

Recueil de Romances Historiques tendres & Burlesques. 1767. gr. 8.

Recueil général des Proverbes Dramatiques. Londr. 1785. 16 vol. 8.

Recueil de Pieces mises au Théatre François, par le Sage. Paris 1739. 2 vol. 8.

Recueil de Contes d'Aug. de la Fontaine, Trad. de l'Allemand. Paris 1801. 4 vol. 18.

Recueil de plusieurs Rélations & Traités singuliers & curieux de J. B. Tavernier. Paris 1679. avec fig. 12.

Recueil (Nouveau) de Chansons avec les Airs Notés. Gen. 1785. 4 vol. 12.

Recueil de Chansons des Francs Maçons. Amst. 1762. 8.

Recueil précieux de la Maçonnerie Adonhiramite. Philadelphie 1787. 2 part. 18.

Réflexions sur les Mœurs, la Religion & le Culte, par Vernet. Gen. 1770. gr. 8.

Réflexions sur le Duel, par Godescard. Paris 1801. gr. 8.

Réflexions Morales de Marc Antonin, Trad. par Dacier. Amst. 1714. 12.

Réflexions Morales de l'Empereur Marc Antonin, avec des remarques. Bouillon 1788. 2 vol. 12.

Réflexions Critiques sur les Histoires des Anciens Peuples, par Fourmont. Paris 1747. 2 vol. 4.

Réflexions sur la Révolution de France, par E. Burke. Amst. 1791. 2 part. 12.

Réflexions Militaires & Politiques du Marquis de Ste. Cruz de Marzenado. La Haye 1739. 12 vol. 8.

Réflexions Critiques sur la Poësie & sur la Peinture, par du Bos. Paris 1755. 3 vol. 4.

—— le même ouvrage. 3 vol. 12.

Réflexions Critiques sur les différentes Ecoles de Peinture, par le Marquis d'Argens. Paris 1752. 12.

Réflexions Politiques sur les Finances & le Commerce. La Haye 1740. 2 vol. 8.

Refutation des erreurs de Spinosa, par Colerus. Brux. 1731. 12.

Refutation du livre de l'Esprit, par la Harpe. Paris 1791. 8.

Reglement concernant l'exercice & les manœuvres de l'Infanterie. Paris 1793. 2 vol. avec fig. 12.

Regles (les) du Dessin & du Lavis, par Buchotte. Paris 1754. avec fig. gr. 8.

Relation des entrées solemnelles dans la Ville de Lyon, des Rois, &c. Lyon 1752. 4.

Relation de la Cour de Portugal sous Pedre XI. Amst. 1702. 12.

Relation (Nouvelle) de Venise. Utr. 1709. 12.

Relation de l'Isle de Corse, par Boswel. La Haye 1769. gr. 8.

Relation succincte de la Campagne de 1674. Leide 1747. 12.

Relation du Voyage à la Recherce de la Perouse, par la Billardiere. Paris 1800. 2 vol. 4. & l'Atlas. folio.

——— le même ouvrage. 2 vol. gr. 8. & Atlas.

Relation de l'Ambassade, au Royaume d'Ava par Symes, Trad. par Castera. Paris 1800. 3 vol. gr. 8. & Atlas. 4.

Relation des Isles Pelew, par Keate, Paris 1788. 2 vol. avec fig. gr. 8.

Relation d'un Voyage au Levant, par Tournefort. Amst. 1718. 2 Tom. 1 vol. avec fig. 4.

——— le même ouvrage. Lyon 1727. 3 vol. avec fig. gr. 8.

Relation de l'Expédition de Syrie & de la Bataille d'Aboukir, &c. 1799. gr. 8.

Relation d'un Voyage dans la Mer du Sud, par Frezier. Paris 1716, avec fig. 4.

Relation d'un Voyage dans la Mer du Nord, par de Kerguelen Trémarec. Amst. 1772. avec fig. 4.

Relation (Nouvelle) d'un Voyage fait aux Indes Orientales, par Dellon. Amst. 1719. 12.

Relation Historique de l'Ethiopie Occidentale, par Labat. Paris 1732. 5 vol. avec fig. 12.

Relation Abrégée d'un Voyage dans l'Amérique Méridionale, par Condamine. Mastr. 1778. gr. 8.

Relation de l'Ambassade du Chevalier de Chaumont, à la Cour de Siam. Amst. 1688. pet. form.

Religion (de la) Chrétienne de Addison, Trad. par de Correvon. Laus. 1757. 2 vol. gr. 8.

Religion (la) Chrétienne, par Ditton. Amst. 1728. 2 vol. gr. 8.

Religion (la) Chrétienne, par l'Abbé Houtteville. Paris 1765. 4 vol. 12.

Religion (la) Protestante, par Chillingworth. Amst. 1730. 3 vol. 12.

Religion (la) considerée comme l'Unique base du Bonheur, par Genlis. Mastr. 1788. 12.

Religion des Mahométans, par Reland. La Haye 1721. 12.

Religion (la) ancienne & moderne des Moscovites. Cologne 1698. avec fig. 12.

Religion, (la) Poëme, par Racine. Paris 1747. 12.

Religieuse, (la) par Diderot. Paris V. gr. 8.

Remarques Historiques sur le Nouveau Testament, par de Beausobre, La Haye 1742. 2 vol. 4.

Remarques sur plusieurs Branches de Commerce & de Navigation. 1757. 2 part. 8.

Reponse aux difficultés d'un Théiste, par Roustan. Londr. 1772. 12.

Reponse à la Philosophie de l'Histoire, par Viret. Lyon 1767. 12.

Reponse de Calonne à Necker. Londr. 1788. gr. 8.

Reponses à demeler, par Mad. la Fite. Laus. 1791. 12.

République Romaine, par de Beaufort. La Haye 1766. 2 vol. 4.

Résolutions des Equations numériques, par la Grange. Paris VIII. 4.

Rétablissement des Manufactures & du Commerce d'Espagne. Paris 1753. 12.

Rethima, ou la Belle Georgienne. Paris 1736. 6 part. 12.

Réveries, (les) ou Mémoires sur l'Art de la Guerre de Maurice Comte de Saxe. La Haye 1756. avec fig. folio.

Révolution de l'Amérique, par Raynal. La Haye 1781. gr. 8.

Révolution (de la) Française, par Necker. Paris 1797. 4 vol. avec portrait. gr. 8.

Révolutions d'Italie, par Dénina. Paris 1770. 8 vol. 12.

Révolutiana, ou Anecdotes, Epigrammes & Saillies, rélatives à la Révolution, par Philana. Paris 1801. 18.

Rézéda, par M. B***. Amst. 1751. 2 part. 12.

Rhétorique, (la) par Lamy. Gen. 1725. 12.

Rhétorique Françoise à l'usage des Jeunes Demoiselles. Rouen 1792. 12.

Richardet, Poëme. Leide 1781. 2 vol. 12.

Richesse (la) de la Hollande. Londr. 1778. 2 vol. 4.

Robinson Crusoe. Nouvelle Imitation de l'Anglois, par Feutry. Paris 1780. 2 part. 12.

Rodeur, (le) Traduction de l'Anglois du Rambler. Mastr. 1786. 4 vol. 12.

Roger Bon-Temps en Belle Humeur, par de Roquelaure. Amst. 1781. 2 part. 12.

Roland Furieux, Poëme Héroique de l'Arioste, Traduction par le Comte de Tressan. Paris 1780. 4 vol. 12.

Roman Bonrgeois, par Furetiere. Amst. 1704. 12.

Roman Comique de Scarron. Rouen 1781. 3 part. 12.

Rome ancienne & moderne, par Desseine. Leide 1710. 10 vol. avec fig. 12.

Rosa, ou la fille mendiante & ses bienfaiteurs. Paris 1798. 7 vol. avec fig. 12.

Rose, ou les effets de la Haine. Paris 1765. 2 part 8.

Rosella, ou les effets des Romans sur l'Esprit des Femmes. Paris 1801. 4 vol. avec fig. 12.

Rudimens, (les) ou Principes des Langues Latine & Françoise. Amst 1769. gr. 8.

Ruines, (les) par Volney. Paris 1792. avec fig. gr. 8.

Ruses (les) de Guerre de Polyen. Paris 1770. 3 vol. 12.

S.

Sacrifices (les) de l'Amour. Rouen 1782. 2 part. 12.

Sagesse, (de la) par Charron. Leide chez Elzevier 1656. pet. form.

——— le même ouvrage. Londr. 1769. 2 vol. 12.

Sagesse (la) du Souverain, par H. C. Cras. Leide 1773. gr. 8.

Saillies d'Esprit, ou choix curieux, par de Pitaval. Paris 1740. 2 vol. 12.

Sainte Ecriture en forme de Cathéchisme. par Polier. Suisse 1764. 16 vol. gr. 8.

Saisie (de la) des Batimens neutres, par Hubner. La Haye 1759. 2 vol. 12.

Saisons, (les) Poëme, belle Edition, ornée d'Estampes & des Vignettes. Amst. 1775. grand pap. 8.

Saisons, (les) par Thompson. Amst. 1763. 12.

Saisons, (les) Poëme, par St. Lambert. Paris 1773. pet. form.

Salvador, ou le Baron de Montbeliard. Paris 1801. 2 vol. avec fig. 12.

Sandford & Merton, par Berquin. La Haye 1796. 2 vol. avec fig. 12.

Santé (de la) des Gens de Lettres, par Tissot. Laus. 1772. 12.

Saroutaki & Alibek. 1752. 2 part. 12.

Satyre Menippée. Ratisb. 1726. 3 vol. avec fig. 8.

Satyres de Juvenal, par Dusaulx. Paris chez Didot. 1796. 2 vol. grand pap. avec fig. 4.

Satyres de Juvenal, Trad. par Dusaulx avec le Latin au côté. Paris 1782. gr. 8.

Satyres de Juvenal & de Perse, Trad. en vers François, par Dubois la Molignière. Paris 1801. gr. 8.

Satyres de Perse, par le Monnier. Paris 1771. gr. 8.

Satyres de Perse, Trad. en vers François, par Taillade d'Hervilliers, avec le Latin. Paris 1776. gr. 8.

Satyres & autres Oeuvres de Regnier. Londr. 1733. grand pap. 4.

Satyres du Prince de Cantemir. Londr. 1749. 12.

Sauvage (le) de Taiti aux François. Paris 1770 12.

Saxe (la) Galante. Amst. 1734. 8.

Science du Gouvernement, par Real. Paris 1761. 8 vol. 4.

Science de la Legislation, par Filanghieri. Paris VII. 7 vol. gr. 8.

Science (la) parfaite des Notaires, par Ferriere. Paris 1771. 2 vol. 4.

Science Hiéroglyphique des Anciens. La Haye 1746. avec fig. pet. 4.

Science (la) des Personnes de Cour d'Epée & de Robe, par Massuet. Amst. 1752. 18 vol. avec fig. 12.

Science (la) des Ingenieurs, par Belidor. La Haye 1775. avec fig. 4.

Science Militaire. par Bardet de Villeneuve. La Haye 1740. 15 vol. avec fig. gr. 8.

Science (la) des Postes Militaires. Paris 1759. 8.

Science (la) des Négocians & Teneurs des Livres, par de la Porte. Amst. 1787. gr. 8.

Seconde Guerre Punique, Poëme de Silius Italicus, par le Febure de Villebrune. Paris 1781. 3 vol. 12.

Secrétaire (Nouveau) de la Cour & du Cabinet. Mars. 1784. 12.

Secretaire Espagnol, par Sobrino. Brux 1747. 12.

Secrets (les) & les Fraudes de la Chymie & de la Pharmacie. La Haye 1759. gr. 8.

Secrets (les) de la Nature & de l'Art. Paris 1769. 4 vol. 12.

Secrets (les admirables) d'Albert le Grand. Lyon 1788. 18.

Secrets Merveilleux du Petit Albert. Lyon 1796. 18.

Semaine (la) Sainte, par Ostervald. Neuveville 1748. 12.

Sermons de Beausobre. Laus. 1758. 4 vol. gr. 8.

Sermons sur différens Textes, par Bertrand. Neuchat. 1779. 2 vol. gr. 8.

Sermons pour les Fêtes de l'Eglise Chrétienne, par Bertrand. Yverd. 1776. 2 vol. gr. 8.

Sermons sur divers Textes, par D. R. Bouillier. Amst. 1748. gr. 8.

Sermons de H. Blair. Amst. 1790. 3 vol. gr. 8.

Sermons, par G. Caillard. Amst. 1738. 2 vol. 8.

Sermons sur divers Textes de l'Ecriture Sainte, par Charles Chais. La Haye 1790. 2 vol. gr. 8.

Sermons sur divers Textes, par H. Chatelain. Amst. 1759. 4 vol. gr. 8.

Sermons sur divers Textes, par J. G. de Chaufepié. Amst. 1787. 3 vol. gr. 8.

Sermons sur l'Etat du Peuple Juif, par J. G. de Chaufepié. Amst. 1756. gr. 8.

Sermons de Claude. Amst. 1713. 8.

Sermons, (Nouveaux) par Doddridge. Gen. 1759. 2 part. 1 vol. 12.

Sermons sur divers Textes, par de la Douespe. La Haye 1752. gr. 8.

Sermons Nouveaux sur divers Textes, par Durand. Laus. 1778. 6 vol. gr. 8.

Sermons, Morale, Panegyriques, Oraisons &c. par Flechier. Lyon 1774 5 vol. 12.

Sermons pour les Jeunes Dames & Demoiselles, par Fordyce. Mastr. 1779. 2 vol. 12.

Sermons sur divers Textes, par Formey. Leide 1772. 2 vol. gr. 8.

Sermons sur divers Textes, par Galatin. Gen. 1720. gr. 8.

Sermons sur divers Textes, par J. Guiot. Rott 1779. 3 vol. gr. 8.

Ser-

Sermons sur le Catéchisme de Calvin, par T. Huet. Amst. 1762. 4 vol. gr. 8.

Sermons de D. T. Huet. Amst. 1797. 2 vol. gr. 8.

Sermons, par Jacquelot. Gen. 1750. 2 vol. 12.

Sermons sur divers Textes, par G. Laget. Gen. 1779. 2 vol. gr. 8.

Sermons sur divers Textes, par A. Leger, avec les Nouveaux Sermons. Gen. 1728. 5 vol. 8.

Sermons, par Levade. Laus. 1791. gr. 8.

Sermons, par Lucas. Utr. 1734. gr. 8.

Sermons, par J. H. le Maitre. Utr. 1741. gr. 8.

Sermons de Massillon, & autres ouvrages. Paris 1763. 12 vol. 12.

Sermons de Mouchon. Laus. 1799. 2 vol. gr. 8.

Sermons sur divers Textes, par Ostervald. Gen. 1756. 2 vol. gr. 8.

Sermons, (XIV) par Pictet. Gen. 1719. 8.

Sermons sur divers Textes, par de la Riviere. Amst. 1746. gr. 8.

Sermons sur divers Textes, par J. Royer. La Haye 1789. 2 vol. gr. 8.

Sermons sur divers Textes, par Jaques Saurin. Amst. 1776. 10 vol. gr. 8.

Sermons (Nouveaux) sur la Passion de N. S. J. Christ, par Saurin. Amst. 1775. 2 vol. gr. 8.

Sermons sur divers Textes, par Sheflock. La Haye 1723. gr. 8.

Sermons (Nouveaux) de Superville. Amst. 1743. gr. 8.

Sermons sur divers Textes, par Superville. Rott. 1723. 3 vol. gr. 8.

Sermons sur divers Textes, par Superville le Fils. Amst. 1754. gr. 8.

Sermons sur diverses matieres importantes, de Tillotson, Trad. par Barbeyrac. Amst. 1767. 8 vol. 8.

Sermons de l'Abbé Torné. Paris 1765. 3 vol. 12.

Sermons sur le Discours de J. C. sur la Montagne, par Vernede. Amst. 1779. 4 vol. gr. 8.

Sermons sur divers sujets intéressans, par Vernede. Amst. 1799. 2 vol. gr. 8.

Sermons (trois) sur la Providence, par Vernede. Amst. 1771. 8.

Sermon (le Souvenir salutaire, ou) sur Hébreux XI. 7. à l'occasion de la Mort de Mr. Vernede. Amst. 1779. 8.

Sermons, par S. Werenfels. Basle 1744. 8.

Sermons, par Zollikoffer. Laus. 1798. 2 vol. gr. 8.

Sethos, Anecdotes de l'Ancienne Egypte. Paris 1767. 2 vol. 12.

Sidnei & Silli, Histoire Angloise. Amst. 1766. 8.

Siecles (les) Payens, ou Dictionnaire Mythologique, Politique, Littéraire & Géographique de l'Antiquité Payenne, par Sabbathier de Castres. Paris 1784. 9 vol. 12.

Siecles (les) Littéraires de la France, par Desessarts. Paris 1800. 6 vol. gr. 8.

Sigeward, dédié aux Ames sensibles. Laus. 1764. 3 vol. 8.

Silius Italicus, Poëme sur la Guerre punique, Trad. par Villebrune. Lat. & Franç. Paris 1731. 3 vol. 12.

Simple Histoire, par Mistriss Inchbald. Paris III. 4 vol. avec fig. 18.

Singularités diverses en prose & en vers. Cosmop. 1753. 12.

Sistême des Théologiens sur l'Etat des Ames, &c. Londr. 1757. 2 part. 8.

Situation Politique de la France, par Peyssonel. Paris 1789. 2 vol. gr. 8.

——— le même ouvrage. 1789. 12.

Situation de la France & d'Angleterre, par Fonvielle. Paris 1800 2 vol. gr. 8.

Sociabilité, (de la) par Pluquet. Yverd. 1770. 2 vol. 8.

Socrate (le) Rustique, par Hirzel. Laus. 1777. 2 vol. 8.

Soins faciles pour la propreté de la Bouche, par Bourdet. Laus. 1760. 12.

Soirées (les) Littéraires, par Coupé. Paris 1798. &c. 19 vol. gr. 8.

Soirées (les) Amusantes. Amst. 1787. 3 vol. 12.

Soirées (les) d'Hiver, ou Recueil de Moralités. Liege 1771. 8.

Soirées (les) Helvétiennes. Londr. 1772. 2 part. 12.

Soirées Provençales, ou Lettres de Berenger. Paris 1786. 3 vol. 12.

Soirées du Bois de Boulogne, par le Comte de ****. Paris 1762. 2 part. 12.

Soirées (les) Philosophiques du Cuisinier du Roi de Prusse. Sans Soucy 1785. gr. 8.

Soirées de l'Hermitage. Paris 1799. 2 vol. 12.

Soirées de la Chaumiere, ou les Leçons du vieux Pere. Paris III. 8 vol. avec fig. pet. form.

Soldat (le) Parvenu. Dresde 1772. 2 vol. 12.

Soldat (le) Suedois. Rouen 1632. 8.

Soliloques du Docteur Dodd dans sa prison. Moudon. 1777. 8.

Solitaires (les deux) des Alpes. Laus. 1791. 2 part. 12.

Solitaires (les) en Belle Humeur. Utr. 1741. 3 vol. 12.

Solitude (de la) rélativement à l'Esprit & au cœur, par Zimmerman. Paris 1791. gr. 8.

Songes (les) Physiques. Amst. 1781. gr. 8.

Sonnets Chrétiens, par Drelincourt. Amst. 1766. 8.

Sopha. (le) Pekin 1772. 2 part. pet. form.

Sophyle, ou de la Philosophie, par Hemsterhuys. Paris 1778. 12.

Souterrain (le) ou Matilde. Paris 1788. 3 vol. 8.

Soupers (les) de la Cour. Paris 1755. 4 vol. 12.

Souvenirs (les) de Madame de Caylus. Amst. 1770. gr. 8.

Souvenirs (les) d'un Citoyen, par Formey. Berl. 1789. 2 vol. 8.

Souverains (les) du monde. Paris 1718. 4 vol. 12.

Spectacle (le) de la Nature, par Pluche. Paris 1771. 9 vol. avec fig. 12.

Spectacle des beaux Arts, par la Combe. Paris 1758. 12.

Spectateur, (le) ou le Socrate Moderne, Trad. de l'Anglois de R. Steele. Amst 1768. 8 vol. 12.

——— le même ouvrage. Paris 1755. 3 vol. 4.

Spectatrice, (la) Trad. de l'Auglois, La Haye 1749. 4 vol. 12.

Splanchnologie, ou l'Anatomie des Viscères, par Garengeot. Paris 1742. 2 vol. 12.

Suites (les) d'un Moment d'Erreur. Amst. 1775. 2 part. 12.

Superstitions anciennes & modernes. Amst. 1736. 2 vol. avec fig. folio.

Supplément à l'Abregé de la Vie des Peintres avec leurs Portraits, Paris 1752. 3 vol. 4.

Supplément à la seconde Edition des Elémens d'Hist. Naturelle & de Chymie, par Fourcroy. Paris 1789 gr. 8.

Supplément des Dictionnaires François qui ont paru jusqu'à présent Brux. 1799. gr. 8.

Sur quelques contrées de l'Europe. Paris 1788. 2 vol. 8.

Sur Fréderic le Grand & mes Entretiens avec lui, par Zimmerman. Laus. 1790. gr. 8.

Sylphe, (le) Trad. de l'Anglois. Brux. 1784. 2 part. 18.

Synonimes François, par Girard. Rouen 1794. 2 vol. 12.

Synonimes (Nouveaux) François, par Roubaud. Paris 1785. 4 vol. gr. 8.

Systême de Philosophie Morale de Hutcheson. Lyon 1770. 2 vol. 12.

Systême de Philosophie, par Bayle. Berl. 1785. 8.

Systême de la Nature, par Mirabeau. Londr. 1770. 2 vol. gr. 8.

Systême Social, ou Principes de la Morale. Londr. 1773. 2 vol. gr. 8.

Systême d'Histoire Naturelle en IV. Regnes. La Haye 1765. avec fig. folio.

Systême Naturel du Regne Animal. Paris 1754. 2 vol. avec fig. gr. 8.

Systême des connoissances Chymiques, par Fourcroy. Paris 1800 10 vol. gr. 8.

T.

Tableau de la Doctrine Céleste, par Swedenborg. La Haye 1786. gr. 8.

Tableau des rapports qui existent entre Dieu, l'Homme & l'Univers. Embden 1782. 3 part. 8.

Tableau du Regne Végétal, selon la methode de Jussieu, par Ventenat. Paris VII. 4 vol. gr. 8.

Tableau des Maladies, par Lommius. Paris 1716. 12.

Tableau de l'Amour Conjugal, ou la génération de l'Homme, par Venette. Londr. 1751. 2 vol. avec fig. 12.

Tableau de l'Univers. Liege 1784. 2 part. 12.

Tableau tiré d'Homere & de Virgile. Paris 1757. 12.

Tableau de l'Histoire Moderne, par de Méhégan. Lyon 1782. 3 vol. 12.

Tableau de l'Europe, jusqu'au commencement de 1796, par Calonne. Londr. 1796. gr. 8.

Tableau de l'Empire Othoman, par d'Ohsson. Paris 1788. 4 vol. avec fig. gr. 8.

Tableau du Commerce de la Grèce, par Beaujour. Paris 1800. 2 vol. gr. 8.

Tableau de Lisbonne en 1796. Paris 1797. gr. 8.

Tableau de Paris, par Mercier. Mastr. 1782. 12 vol. gr. 8.

Tableau des Travaux de l'Assemblée Constituante, par Rivarol. Paris 1797. gr. 8.

Tableau de la Grande Bretagne, de l'Irlande & des possessions Angloises dans les quatre parties du monde. Paris VIII. 4 vol. avec fig. gr. 8.

Tableau de l'Angleterre & de l'Italie, par d'Archenholtz. Gotha 1788. 3 vol. gr. 8.

Tableau Historique & Politique des Révolutions de Geneve. Gen. 1782. gr. 8.

Tableau de la Suède, par Catteau. Paris 1790. 2 vol. gr. 8.

Tableau des Révolutions de l'Empire d'Allemagne. Paris 1787. 2 vol. 12.

Tableau Historique de la Vie de Fréderic le Grand. Paris 1788. gr. 8.

Tableau de l'Histoire générale des Provinces-Unies, par A. M. Cerisier. Utr. 1784. 10 vol. 12.

Tableau Historique de l'Inde. Bouill. 1771. 12.

Tableau Historique & Politique de l'Etat de la Colonie de Surinam, par Fermin. Mastr. 1778. 8.

Tableau de la Société & des Mœurs, par J. Moore. La Haye 1781. 2 vol. 8.

Tableau Historique des Gens de Lettres. Paris 1767. 6 vol. 12.

Tableau des Révolutions de la Littérature ancienne & moderne, par de Cournand. Paris 1786. gr. 8.

Tableaux du V. & N. Testament, François & Anglois, en 150 figures, grand pap. 4.

Tableaux (les) suivis de l'Histoire de Mademoiselle de Syane & du Comte de Marcy. Paris 1771. grand pap. 8.

Table Analytique & Raisonnée des Matieres, contenues dans le Dictionnaire des Sciences. Paris 1780. 2 vol. folio.

Tables de Logarithmes, par Callet. Edition Stéreotype. Paris 1798. gr. 8.

Tablettes Chronologiques de l'Histoire Universelle, par l'Abbé Lenglet du Fresnoy. Paris 1777. 3 vol. 8.

Tactique Navale, ou Traité des Evolutions & des Signaux, par de Morogues. Paris 1763. avec fig. 4.

Tactique (la) & discipline des Prussiens. Leips. 1759. 2 vol. 12.

Tansaï & Neadarne. Pekin 1774 3 part. pet. form.

Tant mieux pour elle. Ville-neuve. 12.

Tarsis & Zélie. Paris 1774. 6 part. ornée de sup. figures. gr. 8.

Teinturier (le nouveau) parfait. Paris 1769. 2 vol. 12.

Télephe. Paris 1784. 2 vol. 12.

Témoignage de la Raison & de la Foi, contre la Constitution Civile du Clergé, par Vauvilliers. Paris 1772. gr. 8.

Témora. Poëme Epique en VIII. Chants, Trad. par de Saint Simon. Amst. 1774. gr. 8.

Temple (le) du Bonheur, ou Recueil des meilleurs Traités sur le Bonheur. Bouillon 1769. 3 vol. 8.

Temple (le) des Arts, ou Cabinet de Braamcamp, par de Bastide. Amst. 1766. 4.

Temple (le) de Guide, par Colardeau. Paris 1773. grand pap. avec de très belles Estampes.

Testament Politique de l'Empereur Joseph II. Vienne 1791. 2 vol. 12.

Testament Politique de Voltaire. Gen. 1771. gr. 8.

Testament Politique de Walpoole. Amst. 1767. 2 vol. 12.

Théatre du monde, par Richer. Paris 1788. 4 vol. avec fig. gr. 8.

Théatre des Grecs, par le Pere Brumoy. Paris 1763. 6 vol. 12.

—— le même ouvrage. Paris 1730. 3 vol. 4.

Théatre d'Aristophane, Trad. en François, par Poinsinet de Sivry. Paris 1784. 4 vol. 8.

Théatre de Sophocle, par Dupuis. Paris 1777. 2 vol. 12.

Théatre de Sophocle, par de Rochefort. Paris 1788. 2 vol. gr. 8.

Théatre de l'Affichard. Paris 1748. 12.

Théatre Allemand, par Friedel. Paris 1783. 12 vol. gr. 8.

Théatre Allemand, par Junker. Paris 1772. 2 vol. 12.

Théatre (le) Anglois. Londr. 1746. 6 vol. 12.

Théatre & Oeuvres Melées, par Bailly. Paris 1768. 2 vol. gr. 8.

Théatre de Mademoiselle Barbier. Paris 1745. 12.

Théatre (le) de Baron. Paris 1759. 2 vol. 12.

Théatre des Boulevards. Mahon 1756. 3 vol. 12.

Théatre Bourgeois. Paris 1755. 12.

Théatre de Boursault. Paris 1746. 3 vol. 12.

Théatre de Campagne. Paris 1767. 12.

Théatre de l'Hermitage de Catherine II. Paris 1798. 2 vol. gr. 8.

Théatre du Prince Clénerzow, Trad. par de Biéning. Paris 1771. 2 vol. gr. 8.

Théatre de P. Corneille avec le Commentaire de Voltaire. 1765. 10 vol. avec figures de Gravelot. Edition Originale. gr. 8.

Théatre de Fagan. Paris 1760. 4 vol. 12.

Théatre de Favart. Paris 1763. 8 vol. 12.

Théatre de Florian. Paris 1787. 3 vol. 18.

Théatre de la Foire. Amst. 1764. 10 vol. 12.

Théatre (le) de la Fosse. Amst. 1745. pet. form.

Théatre à l'usage des jeunes Personnes, pieces tirées de l'Ecriture Sainte, par Mad. Genlis. Mastr. 1787. 12.

Théatre à l'usage des jeunes Personnes, par Mad. de Genlis. Paris 1782. 4 vol. 12.

Théatre de Societé, par Mad. Genlis. Mastr 1781. 2 vol. 12.

Théatre Italien de Gherardi. Amst. 1721. 6 vol. 12.

Théatre (Nouveau) Italien, par Gherardi. Paris 1753. 10 vol. 12.

Théatre (Nouveau) Italien avec les Parodies. Paris 1733. 12 vol. 12.

Théatre de le Grand. Paris 1742. 4 vol. 12.

Théatre de la Grange-Chancel. Amst. 1746. 2 vol. 12.

Théatre de Hauteroche. Paris 1772. 3 vol. 12.

Théatre (le) de Marivaux. Amst. 1754. 4 vol. 12.

Théatre de Mercier. Amst. 1778. 4 vol. avec fig. gr. 8.

——— le même ouvrage. 4 vol. avec fig. 12.

Théatre de Montfleury. Paris 1779. 3 vol. 12.

Théatre & Oeuvres diverses de Pannard. Paris 1763. 4 vol. 12.

Théatre de Shakespeare, Trad. de l'Anglois, par le Tourneur. Paris 1776—1784. 20 vol. 8.

Théatre de Schiller. Paris 1799. 2 vol. gr. 8.

Théatre complet de Voltaire. Paris 1776. 10 vol. pet. form.

——— le même ouvrage. Amst. 1770. 6 vol. avec fig. 12.

Thémenide & Paleno, ou les trois Nations, Contes Nationaux. Paris 1768. 2 part. 12.

Thémidore. La Haye 1758. 2 part. 12.

Théologie (la) Chrétienne & la Science du Salut, par B. Pictet. Gen. 1721. 3 vol. 4.

Théologie Chrétienne, par Pegorier. Amst. 1726. 4.

Théologie (la) de l'Ecriture Sainte. La Haye 1752. 2 vol. gr. 8.

Théologie Astronomique, par Derham. La Haye 1729. avec fig. gr. 8.

Théologie des Insectes de Lesser & Lyonnet. La Haye 1742. 2 vol. avec fig. gr. 8.

Théorie des Sentimens Moraux, par Smith. Paris 1798. 2 vol gr. 8.

Théorie des Sentimens Moraux, par Blavet. Paris 1774. 12.

Théorie du Luxe. 1771. 2 part. gr. 8.

Théorie de la Lune, par Clairaut. Paris 1765. 4.

Théorie Nouvelle sur le Mécanisme de l'Artillerie, par Dulacq. Paris 1741. avec fig. 4.

Théorie de l'Art du Mineur, par Geuss. Mastr. 1778. gr. 8.

Théorie (la) de la Manœuvre des Vaisseaux, par Pitot. Paris 1731. avec fig. 4.

Théorie de l'Art des Jardins, par Hirschfeld. Leipz. 1779. 5 vol. avec fig. 4.

Théorie (la) & la Pratique du Jardinage. La Haye 1739. avec fig. 4

Théorie des Pratiques du Commerce de D. G. de Ustariz. Paris 1753. 4.

Thériacade. (la) ou l'Orviétan de Leodon. Paris 1769. 2 vol. 12.

Thevenon, (le) ou les journées de la Montagne, par Bertrand. Neuchat. 1777. 12.

Tibere, ou Annales de Tacite, par de la Bletterie. Amst. 1768. 3 vol. 12.

To-

Tobie, Poëme en IV. Chants, par le Clerc. Paris 1773 12.

Toilette & Laboratoire de Flore. Paris 1773. 2 vol. 12.

Tombeau (le) de l'Isle de Jennings, par Mallet du Pan. Paris 1798. 18.

Tombeau, (le) par Radcliffe. Paris 1797. 2 vol. avec fig. 12.

Traduction du XXXIV, XXXV en XXXVI. Livres de Pline, par Falconet. Amst. 1772. folio.

Traduction de la Vie d'Agricola & des mœurs des Germains, par de la Bléterie. Paris 1776. 12.

Traduction Libre de Lucrece. Paris 1768. 2 vol. 12.

Traduction (Nouvelle) de divers morceaux choisis, par Lambert. Paris 1763. 12.

Tragédies d'Eschyle. Paris 1770. 8.

Tragédies d'Euripide, Trad. du Grec, par Prevost. Paris 1782. 3 vol. 12.

Tragédies-Opera de Metastasio. Paris 1758. 10 vol. 12.

Traité de l'Existence de Dieu, par Clarke. 1744. 3 vol. 8.

Traité de la Vérité & de l'Inspiration des Livres du Vieux & du Nouveau Testament, par Jaquelot. Rott. 1715. 8.

Traité de la Vérité de la Religion Chrétienne, par J. Abbadie, & l'Art de se connoître soi-même. La Haye 1771. 4 vol. 12.

Traité de la Vérité de la Religion Chrétienne par Turrettin. Gen. 1788. 10 vol. gr. 8.

Traité de l'excellence de la Religion, par Bernard. Amst. 1732. 2 vol. 12.

Traité complet de Théologie-spéculative & pratique, par Stackhouse. Laus. 1760 5 vol. 4.

Traité sur la Nature & du But du Sacrement de la Sainte Cêne, par Hoadly. La Haye 1741. 8.

Traité de la Paix de l'Ame, par Dumoulin. Amst. 1756. 8.

Traité de la Morale, par Barbeyrac. Amst. 1728. 4.

Traité du Suicide, par Dumas. Amst. 1773. 8.

Traité de la Justification, par la Placette. Amst. 1733. 12.

Traité de l'Opinion, par le Gendre. Paris 1735. 2 vol. 4.

——— le même ouvrage. Paris 1758. 9 vol 12.

Traité Historique contenant le jugement d'un Protestant sur la Théologie Mystique, par Jurieu. 1699. 12.

Traité du Mérite, par Abbt, Trad. par du Bois. La Haye 1780. gr. 8.

Traité des Bienfaits de Séneque, par Dureau de la Malle. Paris 1776. 12

Traité du Bonheur Public, par Muratori Paris 1772 2 vol. 12.

Traité sur le Luxe, par Pluquet. Paris 1786. 2 vol. 12.

Traité de la Divination de Ciceron, par Desmarais. Amst. 1711. 8.

Traité de la Police, par de la Mare. Amst. 1729. 4 vol. folio.

Traité des Loix Civiles. La Haye 1774 2 part. gr. 8.

Traité des délits & des peines, par Beccaria. Amst. 1766. gr. 8.

Traité des Injures dans l'ordre Judiciaire. Paris 1776. 12.

Traité de la Communauté. Paris 1770 2 vol. 12.

Traité Politique & Economique des Communes. Paris 1770. gr. 8.

Traité des Ambassades & des Ambassadeurs. Rost. 1726. 8.

Traité du Choix des Etudes, par Claude Fleury. Paris 1759. 12.

Traité de différentes sortes de Preuves, par Griffet. Liege 1770. 12.

Traité des Animaux, par Condillac. Paris 1766. 12.

Traité Economique & Physique du Gros & menu Bétail. Paris 1778. 2 vol. 12.

Traité Anatomique de la Chenille qui ronge le Bois du Saule, par Lyonnet. La Haye 1762. 2 vol. avec fig. 4.

Traité de la Garance & de sa culture, par du Hamel. Paris 1765. 12.

Traité de la culture des Pêchers. Paris 1745. 12.

Traité sur la culture des Jacintes. Avign. 1765. 12.

Traité de Minéralogie, par Haüy. Paris 1801. 4 vol. gr. 8. & Atlas de figures. 4.

Traité Analytique des Eaux Minérales, par Raulin. Paris 1772 12.

Traité des Vertus Medecinales de l'Eau Commune, par Smith. Paris 1726. 12.

Traité des Sels, par Stahl. Paris 1771. 12.

Traité du Souphre, par Stahl. Paris 1766. 12.

Traité de Chymie, par Lavoisier Paris 1793. 2 vol. gr. 8.

Traité de l'Antimoine, par Lemery. Paris 1707. 12.

Traité du Castor, par Marius. avec fig. 12.

Traité complet d'Anatomie, par Sabathier. Paris 1791. 3 vol. gr. 8.

Traité de la Structure du Cœur, par de Senac. Paris 1749. avec fig. 2 vol. 4.

Traité des Membranes, par Bichat. Paris VIII. gr. 8.

Traité de la Matiere Médicale, par Boerhave. Paris 1756. 12.

Traité des Medicamens, par Fauvry. Paris 1722. 2 vol. 12.

Traité du Bon Chyle. Paris 1735. 12.

Traité des Maladies du Poumon, par Coste. Paris 1767. 12.

Traité des Coliques, par Jean Purcel. Paris 1767. 12.

Traité des Maladies des Os, par Petit. Paris 1741. 2 vol. 12.

Traité des Maladies de l'Oeil, par Maitre Jean. Troyes 1707. 12.

Traité des Affections Vaporeuses des deux Sexes, par Pomme. Lyon 1765. 8.

Traité des tumeurs & des Ulceres. Paris 1759. 2 vol. 12.

Traité des Maladies des Femmes, par Astruc, & l'Art d'accoucher. Paris 1766. 7 vol. avec fig. 12.

Traité des Maladies des Femmes grosses, par Mauriceau. Paris 1712. 2 vol. 4

Traité des Accouchemens, par de la Motte. La Haye 1726. 4.

Traité des Fleurs Blanches, par Raulin. Paris 1766. 2 vol. 12.

Traité des Maladies des Enfans, par Nils Rosen de Rosenstein. Paris 1778. gr. 8.

Traité sur la maniere d'élever sainement les Enfans, par Frank. Paris VII. gr. 8.

Traité de la petite Verole, par Lobb. Paris 1749. 2 vol. 12.

Traité de la petite Verole, par de la Metrie. Paris 1740. 12.

Traité des Maladies qui arrivent aux parties genitales, par Vercellino. Paris 1730 12.

Traité du Mal Vénérien, par Cokburn. Paris 1730. 12.

Traité Complet de Chirurgie, par de la Motte. Paris 1771. 2 vol. gr. 8.

Traité des Opérations de Chirurgie, par Garengeot. 2 vol. 12.

Traité de la Sphère, par Mentelle. Paris 1777. 12.

Traité de la Sphère & du Calendrier, par Rivard. Paris 1798. gr. 8.

Traité Elémentaire, ou Principes de Physique, par Brisson. Paris VIII. 4 vol. avec fig. gr. 8.

Traité Abrégé de Physique, par de Saiutignon. Paris 1763. 6 vol 12.

Traité de Physiologie, par Dufieu. Lyon 1763. 2 vol. 12.

Traité de la resistance des Solides, par Girard. Paris 1798. 4.

Traité de l'Algebre, par de Crouzas. Paris 1726. gr. 8.

Traité de Mécanique Céleste, par la Place. Paris 1798. 2 vol. avec fig. 4.

Traité d'Hydraulique, par Bossut. Paris 1786. 2 vol. grand pap avec fig. 8.

Traité de Météorologie, par le P. Cotte. Paris 1774. avec fig. gr. 4.

Traité du Calcul différentiel & intégral, par Cousin. Paris 1796. 2 vol. 4.

Traité du Calcul, différentiel & intégral, avec le Traité des différences & des Series, par la Croix. Paris 1798. 3 vol. 4.

Traité Elémentaire de Trigonométrie rectiligne & sphérique & de l'Application de l'Algebre à la Geométrie, par la Croix. Paris VII. avec fig. gr. 8.

Traité de Trigonométrie, par Cagnoli. Paris 1786. avec fig. 4.

Traité (Nouveau) de la Trigonométrie rectiligne, par Dupain de Montesson. Paris 1773. gr. 8.

Traité Analytique des Sections Coniques & de leurs usage, par de l'Hopital. Paris 1776. avec fig. 4.

Traité de Perspective, par Deidier. Paris 1770. avec fig. 4.

Traité de Perspective, par Jeaurat. Paris 1750. avec fig. 4.

Traité de Perspective, par Lamy. Paris 1701. gr. 8.

Traité complet de Fortification, par G. N. St. Paul. Paris VIII. 2 vol. avec fig. gr. 8.

Traité de la défense des Places, par les contre Mines. Paris 1768. gr. 8.

Traité de la Castramétation, par de Fallois. Berl. 1771. gr. 8.

Traité (Nouveau) de l'Art des Armes, par Demense. Liege 1778. avec fig. 12.

Traité pratique du Gréement des Vaisseaux & autres batimens de Mer, par Lescallier. Paris 1791. 2 vol. avec fig. 4.

Traité de la Fabrique des Manœuvres pour les Vaisseaux, par du Hamel du Monceau. Paris 1769. avec fig. 4.

Traité (Nouveau) de Navigation, par Bouguer & de la Caille. Paris 1781. avec fig. gr. 8.

Traité du Navire, par Bouguer. Paris 1746. avec fig. 4.

Traité des Horloges Marines, par F. Berthoud. Paris 1773. avec fig. 4.

Traité des Ponts, par Gautier. Paris 1723. gr. 8.

Traité de la Construction des Chemins, par Gautier. Paris 1721. gr. 8.

Traité des Voitures. Paris 1756. avec fig. 4.

Traité des Feux d'Artifice pour le Spectacle & pour la Guerre. Berne 1750. 8.

Traité des Feux d'Artifice, par Frezier. La Haye 1741. 12.

Traité des Feux d'Artifice pour le Spectacle. Paris 1747. avec fig. gr. 8.

Traité des Diamans & des Perles, par Jeffries. Paris 1753. 8.

Traité de l'Imprimerie. Paris VII. 4.

Traité des Couleurs pour la Peinture en Email, par de Montamy. Paris 1765. 12.

Traité des Couleurs matérielles, par le Pileur d'Apligny. Paris 1779. 12.

Traité de la Peinture au Pastel. Paris 1788. 12.

Traité raisonné de la Distillation, par Déjean. Paris 1778. 12.

Traité des Odeurs, ou Suite du Traité de la Distillation, par Déjean. Paris 1788. 12.

Traité (Nouveau) de la Cuisine. Paris 1742. 3 vol. 12.

Traité Général du Commerce, par Ricard. *derniere Edition revue, par Marien.* Amst. 1781. 2 vol. 4.

Traité Général du Commerce de l'Amérique. Amst. 1783. 2 vol. avec fig. 4.

Traité des Assurances, par Emerigon. Marseille 1783. 2 vol. 4.

Traité des Monnoyes, par Abot de Bazinghen. Paris 1764. 2 vol. 4.

Traité des Monnoyes, par de Bettange. Avign. 1760. 2 vol. 12.

Traité Historique des Monnoyes de France, par le Blanc. Amst. 1692. 4.

Traité de la Circulation & du Crédit. Amst. 1771. gr. 8.

Traité de la pratique des Billets entre les Négocians. Louvain 1682. pet. form.

Traité Théorique & Pratique des Changes. Paris 1760. 12.

Traité des Changes en comptes faits, par de Béville. Paris 1754. gr. 8.

Traité du Contrat de vente. Paris 1772. 3 vol. 12.

Traité du Jeu, par Barbeyrac. Amst. 1737. 3 vol. 8.

Traité du Jeu de Whist, par Hoyle. La Haye 1779. 8.

Traité du Poëme épique, par le Bossu. La Haye 1714. 2 part. 1 vol. 12.

Traité du Melo-Drame. Paris 1772. 8.

Traité des Tropes, par du Marsais & Formey. Leipz. 1757. gr. 8.

Traité de l'Ortographe Françoise en forme de Dialogue, par Restaut. Poitiers 1755. gr. 8.

Traité de la Grammaire Française, par Desmarais. Amst. 1707. 12.

Tresor des Laboureurs dans les Oiseaux de Basse-Cour, par Buchoz Paris 1783. 8.

Tribunal d'Apollon. Paris 1800. 2 vol. pet. form.

Triomphe (le) de l'Amitié, Trad. du Grec. Paris 1751. 2 part. 8.

Trois ouvrages de Xenophon, par Charpentier. Amst. 1745. 2 vol. 12.

Trois (les) Ages des Colonies, ou de leur état passé, présent & à venir, par M. de Pradt. Paris 1801. 3 vol. gr. 8.

Trois heures d'Amusement, ou le Nouveau Comus. Paris 1801. 12.

Trou (le) de St. Patrice. Dublin 1774. 12.

Tusculanes de Ciceron, avec des remarques, par Bouhier & d'Olivet. Amst. 1739. 3 vol. 12.

U.

Une seule faute, ou Mémoires d'une Demoiselle de qualité. Londr. 1788. 2 part. 8.

Usage (de l') des Statues, chez les Anciens. Brux. 1767. avec fig. 4.

Usage (l') des Romans. Rouen 1734. 3 vol. 12.

Usong, Histoire Orientale, par le Baron de Haller. Paris 1773. 12.

Utilité (de l') des Voyages, par Baudelon de Darval. Rouen 1727. 2 vol. 12.

Utopie (l') de Morus. Leide 1715. avec fig. 12.

V.

Valesiana, ou pensées critiques de Valois. Paris 1694. 12.

Variétés Historiques Physiques & Littéraires. Paris 1752. 3 vol. 12.

Variétés Sérieuses & Amusantes. Paris 1765. 2 vol. 12.

Variétés Littéraires. Paris 1768. 4 vol. 12.

Vaucluse's Dialogues, François & Anglois. Londr. 1777. 2 vol. 12.

Veillées (les) du Chateau, par Mad. Genlis. Mastr. VII. 4 vol. 12.

Veillées (les) de ma grand Mere, Nouveaux Contes des Fées. Paris VII. 2 vol. avec fig. pet. form.

Veillées (les) de Thessalie, par de Lussan. Amst. 1778. 2 vol. 12.

Vengeance (la) Naturelle. Paris 1754. 2 part. 12.

Ventriloque, (le) par de la Chapelle. Paris 1772. 2 vol. 12.

Véridique, (le) ou Mémoires de Fillerville. Amst. 1769. 2 part. 12.

Vérité de la Religion Chrétienne réformée. Rott. 1718. 2 vol. 12.

Vérités (les) & les devoirs de la Religion ou Catéchisme, par D. de Superville. Rott. 1774. 8.

Vernisseur (le) parfait. Paris 1771. 12.

Vestiges de l'Homme & de la Nature, ou Essais Philosophiques. Metz 1801. 2 vol. 12.

Vice (le) Puni, ou Cartouche, Poëme. Leide 1783. avec fig. gr. 8.

Vice (le) & la Foiblesse. Paris 1786. 2 vol. 12.

Vicissitudes (les) de la Fortune. Paris 1769. 2 vol. avec fig. 12.

Vicomte (le) de Barjac. Dubl. 1784. gr. 8.

Victime (la) Mariée, ou Histoire de Lady Villars. Paris 1775. 2 part. 12.

Victime du Préjugé. Paris 1800. 2 vol. 12.

Victorine, par M. Gorgy. Paris 1792. 2 vol. 18.

Vie des anciens Philosophes. Amst. 1752. 2 part. 1 vol. pet. form.

Vie d'Agatocle, Tiran de Siracuse. Paris 1752. 12.

Vie d'Apollonius de Tyane avec les Commentaires, par Charles Blount. Amst. 1779. 4 vol. 12.

Vie (la) & les Fables d'Esope, François & Allemand. Strasb. 1758. 8.

Vie (la) & l'Histoire de l'Empereur Jovien, & Traduction de quelques ouvrages de l'Empereur Julien, par la Bleterie. Amst. 1750. 2 vol. 12.

Vie (la) de l'Empereur Julien, par le même. Amst. 1735. 2 vol. 12.

Vie de P. Aretin, par Boispreaux. La Haye 1750. pet. form.

Vie de F. Bacon. Paris 1788. 3 vol. 12.

Vie (la) de Bayle, par des Maizeaux. La Haye 1732. 2 vol. 12.

Vie de Buonaparte. Paris 1801. 2 vol. avec fig. 12.

Vie du Maréchal de Bell-Isle & Codicille. La Haye 1762. 12.

Vie privée du Cardinal du Bois. Londr. 1789. gr. 8.

Vie de Catherine II. Paris 1797. 2 vol. avec fig. gr. 8.

Vie de Crillon le Brave. Paris 1757. 2 vol. 12.

Vie du Capitaine Cook, Trad. de l'Anglois de Kippis. Paris 1789. 4.

Vie des Enfans célébres. Paris 1798. 2 vol. 12.

Vie de Florian. Paris 1798. pet. form.

Vie Littéraire de Forbonnois, par de Sales. Paris 1801. gr. 8.

Vie de Franklin. Paris VI. 2 vol. gr. 8.

Vie (la) Privée du Roi de Prusse. Amst. 1785. 18.

Vie & Lettres de Gellert. Utr. 1775. 2 vol. gr. 8.

Vie Privée de Louis XV. Londr. 1781. 4 vol. avec fig. 12.

Vie de Marie Antoinette, Reine de France. Hamb. 1798. 12.

Vie de Marie de Médicis. Paris 1774. 3 vol. gr. 8.

Vie de Milton & jugement de ses Ecrits. Paris V. pet. form.

Vie du Général Monk. Londr. 1672. pet. form.

Vie (la) d'Olimpe Maldachini. Gen. 1770. 2 part. 12.

Vie du Cardinal d'Ossat. Paris 1771. 2 vol. gr. 8.

Vie du Général Pichegru. Paris 1801. avec fig. 12.

Vie de Richelieu. Paris 1790. 5 vol. gr. 8.

Vie (la) de Michel de Ruiter, par Brandt. Amst. 1698. avec fig. folio.

Vie (la) du Pape Sixte V. par Leti. Paris 1758. 2 vol. avec fig. 12.

Vie de Trenck. Amst. 1787. 3 vol. avec fig. 8.

Vie de Turgot. Londr. 1787. 2 part. gr. 8.

Vie du Maréchal Duc de Villars. Paris 1785 4 vol. 12.

Vie (la) de Voltaire. Gen. 1786. 12.

Vie (la) & les opinions de Tristram Shandy. Londr. 1784. 3 vol. pet. form.

Vie du Chevalier de Faublas, par Louvet de Couvray. Londr. 1791. 7 vol. pet. form.

Vie de Gusman d'Alfarache. Amst. 1738. 3 vol. 12.

Vie & Aventures de Lazarille de Tormes. Brux. 1698. pet. form.

Vie (la) de Marianne, par de Marivaux. Amst. 1778. 2 vol. avec fig. 12.

Vie (la) & les Avantures du Petit Pompée. Amst. 1752. 12.

Vie (la) & les Avantures de Robinson Crusoe. Amst. 1770. 3 vol. avec fig. 12.

Vies des Hommes Illustres Grecs & Romains, comparées l'une avec l'autre, par Plutarque de Cheronée de la Traduction de Amyot & de l'Imprimerie de Vascosan. 1565. 2 vol. folio.

Vies (les) des Hommes Illustres de Plutarque, par Dacier, avec le Supplément. Mastr. 1778. 14 vol. avec portr. 12.

Vies des Anciens Orateurs Grecs. Paris 1752. 2 vol. 12.

Vies de Plutarque, par Ricard. Paris 1798. 4 vol 12.

Vies (les) de Solon & de Publicola. Paris 1748. 12.

Vies des Architectes, par Pinceron Paris 1771. 2 vol. 12.

Vies des Fameux Architectes. Paris 1787. 2 vol. gr. 8.

Vies des Gouverneurs Généraux avec l'Abrégé de l'Histoire des Etablissemens des Hollandois aux Indes Orientales, par du Bois. La Haye 1763. avec fig. 4.

Vies des premiers Peintres du Roi. Paris 1752. 2 vol. 8.

Vies (les) des plus Illustres Philosophes. Paris 1796. 2 vol. gr. 8.

Vies des Surintendans des Finances. Paris 1790. 3 vol. 12.

Visites Charitables, par Drelincourt. Amst. 1731. 3 vol. gr. 8.

Vieillard (le) du Mont Caucase aux Juifs. Rott. 1777. 12.

Vocabulaire, Angl. Flamand, Franç. & Latin, par Pell. Utr. 1735. 8.

Vœux (les) Téméraires, ou l'Enthousiasme, par Genlis. Hamb. 1798. 2 vol. 8.

Voyage d'Alcimédon, ou Naufrage. Paris 1768. 2 part. 12.

Voyage d'un Amateur des Arts. Amst. 1783. 4 vol 12.

Voyage du Jeune Anacharsis en Grece. Paris 1790. 7 vol. gr. 8. & Atlas.

——— le même ouvrage. Nouvelle Edition. Paris 1800. 7 vol. gr. 8. & Atlas.

——— le même ouvrage. Même Edition. 7 vol. 12.

——— le même ouvrage. Edition de Deux-Ponts. 9 vol. 12, & Atlas.

Voyage autour du Monde, par Anson. Amst. 1749. avec fig. & Supplément au Voyage à la Mer du Sud. Lyon 1756. 2 vol. 4.

Voyage d'Antenor. Paris 1800. 5 vol. avec fig. pet. form.

Voyage de l'Arabie heureuse. Paris 1716. 4 vol. 12.

Voyage de Londres à Genes, par Baretti. Amst 1777. 4 vol. 12.

Voyage en Italie, par l'Abbé Barthelemy. Paris 1801. gr. 8.

Voyages de Rabbi Benjamin, par Baratier. Amst. 1734. 2 vol. 8.

Voyages faits en Asie, par P. Bergeron. La Haye 1735. 2 vol. 4.

Voyage (le) de Beth-El. Londr. 1727. 12.

Voyage par l'Italie en Egypte, au Mont-Liban, &c. par de Binos. Paris 1787. 2 vol. avec fig. 12.

Voyages (Nouveaux) aux Indes Occidentales, par Bossu. Amst. 1769. 2 part. avec fig. 12.

Voyage Autour du Monde, par Bougainville. Paris 1772. 2 vol. avec fig. gr. 8.

Voyage pittoresque aux Glacieres de Savoie, par Bourrit. Gen. 1773. 12.

Voyage de l'Ambassade de la Compagnie des Indes à la Chine, par van Braam. Philadelphie 1796. 2 vol. avec fig. 4.

Voyage (Nouveau) dans les Etats de l'Amérique Septentrionale, par Brissot Warville. Paris 1791. 3 vol. gr. 8.

Voyage dans la haute & basse Egypte, par Browne. Paris 1800. 2 vol. avec fig. gr. 8.

Voyage aux Sources du Nil, par Bruce. Paris 1791. 5 vol. avec fig. 4.

Voyage en Sicile & à Malthe, par Brydone. Amst. 1776. 2 vol. 12.

Voyage (le) du Chrétien à l'Eternité, par Buajan. Rott. 1764 avec fig. 8.

Voyages autour du Monde, par Byron. Paris 1767. 12.

Voyage (premier) de Byron à la Mer du Sud. Paris VIII. gr. 8.

Voyage des Indes Orientales, par Carré. Paris 1699. 2 vol. 12.

Voyage dans les parties intérieures de l'Amérique Méridionale, par Carver. Paris 1784. avec fig. gr. 8.

Voyages de Milord Céton. Paris 1765. 7 part. 12.

Voyage dans l'Amérique Septentrionale, par de Chabert. Paris 1753. 4.

Voyage en Siberie, par Chappe d'Auteroche. Paris 1763. 3 vol. avec fig. gr. pap. 4.

——— le même ouvrage. Amst. 1760. 4 vol. avec fig. 8.

Voyage en Portugal, par Chatelet. Paris 1798. 2 vol. avec fig. gr. 8.

Voyage de Chastellux en Amérique. Brux. 1786. gr. 8.

Voyage dans la Troade, par le Chevalier. Paris 1801. 3 vol. gr. 8. & Atlas.

Voyage de St. Cloud, par Mer & par Terre. La Haye 1748. pet. form.

Voyage autour du Monde, rédigé par Hawkesworth, ou premier Voyage de Cook. Paris 1773. 4 vol. avec fig. 4.

Voyage dans l'Hémisphere Austral, ou second Voyage de Cook. Paris 1778. 5 vol. avec fig. 4.

Voyage (troisième) de Cook. Paris 1785. 4 vol. avec fig. 4.

Voyage de Fr. Coreal aux Indes Occidentales. Amst. 1722. 3 vol. 12.

Voyage en Pologne, par Coxe de Mallet. Paris 1786. 4 vol. avec fig. 8.

Voyages d'Italie & de Hollande, par Coyer. Paris 1775. 2 vol. 12.

Voyage en Crimée & à Constantinople en 1786. par Miladi Craven. Paris 1789. avec fig. gr 8.

Voyage au Nouveau-monde & Naufrage du P. Crespel. Amst. 1757. 12.

Voyages (les) de Cyrus, François & Anglois. Londr. 1792. 2 vol. 12.

Voyage autour du Monde, par Dampier. Rouen 1723. 5 vol. avec fig. 12.

Voyage du Monde de Descartes, par Daniel, & Suite. La Haye 1739. 2 vol. 12.

Voyage Pittoresque de la Flandre & du Brabant, par Deschamps Amst. 1772. 12.

Voyage en Italie, par Duclos. Laus. 1791. 12.

Voyages de Dumont, en France en Italie, &c. La Haye 1619. 4 Tom. 2 vol. 12.

Voyage à Barrege, par Dusaulx. Paris 1796. 2 vol. gr. 8.

Voyage en Egypte & en Nubie, par Norden. Paris VIII. 3 vol. & Atlas. pet. form.

Voyage de la Baye de Hudson, par Ellis. Paris 1749. 2 vol. 12.

Voyages des Emigrés. Paris VII. 2 vol. avec fig. gr. 8.

Voyage (Nouveau) en Espagne, fait en 1777 & 1778. Londr. 1783. 2 vol. gr. 8.

Voyage sur les Rives du Rhin, par Forster. Paris III. 2 vol. gr. 8.

Voyage en France en Italie, & aux Isles de l'Archipel. Paris 1763. 4 vol. 12.

Voyage (Journal d'un) autour du Monde, Trad. de l'Anglois, par de Freville. Paris 1773. 12.

Voyages de Thomas Gage. Amst. 1721. 4 vol. 12.

Voyage dans les Mers de l'Inde, par le Gentil. Suisse 1780. 5 vol. avec fig. gr. 8.

Voyage en Angleterre, par Gilpin. Paris 1789. 2 vol. avec fig. gr. 8.

Voyage dans l'Inde & au Bengale, par Grandpré. Paris 1801. 2 vol. avec fig. gr. 8.

Voyages du Capitaine Gulliver en divers Pays. La Haye 1778. 3 vol. avec fig. 8.

Voyage Littéraire de la Grece, par Guys Paris 1776. 4 vol. avec fig. gr. 8.

Voyage (Nouveau) d'un Pays plus grand que l'Europe, par Hennepin Utr. 1698. avec fig.

Voyage en Hongrie. Paris VII. 3 vol. avec fig. gr. 8.

Voyage à la Chine, par Huttner. Paris 1798 pet. form.

Voyages Métallurgiques, par Jars. Lyon 1774. avec fig. 4.

Voyage (Journal d'un) fait aux Indes Orientales. Rouen 1721. 3 vol. 12.

Voyage au Jardin des Plantes, par Jauffret. Paris 1798. avec fig. 18.

Voyage en Irlande, par Twiss. Paris VII. avec fig. gr. 8.

Voyage des Isles Vénitiennes. Paris VIII. 3 vol. gr. 8. & Atlas.

Voyage de Klimius dans le monde Souterrain. Coppenh. 1721. 12.

Voyage du Pere Labat en Espagne & en Italie. Amst. 1731. 8 vol. 12.

Voyage du Chevalier des Marchais en Guinée, par le Pere Labat. Amst. 1731. 4 vol. avec fig. 12.

Voyage aux Isles de l'Amérique, par Labat. La Haye 1724. 6 vol. avec fig. 12.

Voyage d'Ethiopie, par Labat. Paris 1720. 8 vol. avec fig. 12.

Voyage d'Espagne fait en 1755, Trad. par de Livoy. Paris 1772. 2 part. 12.

Voyage Historique d'Abissinie du Pere Jerome Lobo, par le Grand. Paris 1728. 4.

——— le même ouvrage. 2 vol. 12.

Voyage à la Chine, par Macartney. Paris 1798. 5 vol. gr. 8. & Atlas.

Voyage de Marchand. Paris 1800. 4 vol. avec fig. 4.

——— le même ouvrage. 5 vol. gr. 8. & Atlas.

Voyages & Avantures de Jaques Massé. Bord. 1710. 12.

Voyage Minéralogique & Physique de Bruxelles à Lausanne, par Gregoire de R..... Laus. 1783. gr. 8.

Voyage en Italie, par Misson. Utr. 1722. 4 vol. avec fig. 12.

Voyage en Italie, par de Montaigne. Paris 1774. grand pap. 4.

——— le même ouvrage. 3 vol. 12.

Voyages de la Motraye en Europe, Asie & Afrique. La Haye 1727. & en Anglois & en François. La Haye 1732. 3 vol. avec fig. folio.

Voyage en Portugal, par Murphy. Paris 1797. 2 vol. avec fig. gr. 8.

Voyage de Néarque, par Billecocq. Paris 1801. avec fig. 4.

——— le même ouvrage. gr. 8.

Voyages en Moscovie, Tartarie & Perse, par Olearius & Mandelslo. Amst. 1727. 2 vol. avec fig. folio.

Voyage (Nouveau) Autour du Monde, par Pages. Paris 1797. 3 vol. avec fig. gr. 8

Voyage Pittoresque de Paris. Paris 1778. 12.

Voyage de Mungo-Park, dans l'intérieur de l'Afrique. Paris 1800. 2 vol. avec fig. gr. 8.

Voyage dans la haute Pensylvanie & dans l'Etat de New-York. Paris 1801. 3 vol. avec fig. gr. 8.

Voyage de la Pérouse. Paris 1798. 4 vol. 4. & Atlas.

——— le même ouvrage. 4 vol. gr. 8. & Atlas.

Voyage à la Recherche de la Pérouse, par la Bilardiere. Paris 1800. 2 vol. 4 & Atlas.

——— le même ouvrage. 2 vol. gr. 8. & Atlas.

Voyage au Pole Boréale, par Phipps. Paris 1775. avec fig. 4.

Voyage en différens Pays de l'Europe, par Pilati. La Haye 1777. 2 vol. 12.

Voyage (Journal du) de Courtanveaux, par Pingré. Paris 1768. avec fig. 4.

Voyages Minéralogiques dans le Gouvernement d'Aigle & une partie du Vallais, par Razoumowsky. Laus. 1784. gr. 8.

Voyage sur le Rhin depuis Mayence, jusqu'à Dusseldorf. Neuwied 1792. 2 vol. gr. 8.

Voyage en Allemagne, par Riesbeck. Paris 1792. 3 vol. avec fig. gr. 8.

Voyage en Amérique, par Rochefaucault Liancourt. Paris 1798. 8 vol. gr. 8.

Voyage autour du Monde, par Woodes Rogers. Amst. 1716. 2 vol. 12.

Voyages & découvertes faites par les Russes. Amst. 1766. 2 vol. 12.

Voyages au Senegal, par de Saugnier. Paris 1792. gr. 8.

Voyages de Shaw. La Haye 1743. avec fig. 2 vol. 4.

Voyage à la Nouvelle Guinée, par Sonnerat. Paris 1776. enrichie de CXX. figures. 4.

Voyage en Egypte, par Sonnini. Paris 1801. 3 vol. gr. 8. & Atlas.

Voyage au Cap de Bonne-Espérance, par Sparrman. Paris 1787. 3 vol. avec fig. gr. 8.

Voyage de Stavorinus au Cap de Bonne Espérance, &c. Paris VII. 2 vol. avec fig. gr. 8.

Voyage de Dimo & Nicola Stephanopoli en Grece. Paris 1799. 2 vol. gr. 8.

Voyage à Surinam, par Stedman. Paris 1797. 3 vol. gr. 8. & Atlas.

Voyage Sentimental suivi des Lettres de Yorick & Eliza, par Sterne, Angl. & Franç. Paris VII. 2 vol. grand pap. velin. avec fig. 4.

—— le même ouvrage. 2 vol. avec fig. pet. form.

Voyage en Suede, par un Officier Hollandois. La Haye 1789. gr. 8.

Voyages dans les deux Siciles, par Swinburne. Paris 1785. gr. 8.

Voyage en Syrie & au Mont Liban. Paris 1722. 2 vol. 12.

Voyage (Relation d'un) au Levant, par de Tournefort. Amst. 1718 2 vol. avec fig. 4.

Voyage de Vaillant dans l'Afrique. Laus. 1790. 2 vol. avec fig gr. 8.

Voyage en Syrie & en Egypte, par Volney. Paris VII. 2 vol. avec fig. gr. 8.

Voyage au Canada, par Weld. Paris 1801. 3 vol. avec fig. 8.

Voyage au Nord de l'Europe, par Wraxall. Rott. 1777. gr. 8.

Voyage en Italie, par Arthur Young Paris 1796. gr. 8.

Voyageur, (le) Américain, par J. M. Amst. 1782. gr. 8.

Voyageur François, par la Porte. Paris 1766. 34 vol. 12.

Voyageur (le) Philosophe dans un Pays inconnu aux habitans de la Terre. Amst. 1761. 2 vol. 12.

Voyageur (le) Sentimental, par Vernes. Dresde 1791. 12.

Vrai (le) Communiant, par D. de Superville. Rotterd. 1760. 8.

Vrais (les) Principes de la Lecture de l'Ortographe, &c. par Viard. Mons. 1781. 8.

Vues Philosophiques, par Premontval. Amst. 1757. 2 vol. 12.

W.

Walsingham. Paris 1798. 4 vol. avec fig. 12.

Werther, (le Nouveau) imité de l'Allemand. Neuchat. 1786. gr. 8.

Y.

Yeux (les) le Nez & les Tetons. Amst. 1740. 4 part. 8.

Z.

Zambeddin, Histoire Orientale. Paris 1768. 12.

Zayde, Histoire Espagnole, par de Segrais, & Lettre de Huet. Paris 1764. 2 vol. 12.

Zeir & Zulica. Paris 1801. 2 vol. avec fig. 12.

Zélie dans le Désert, par Mad. Daubenton, avec un Supplément. Paris 1793. 4 vol. avec fig. 18.

Zephyre, ou le Berceau de Flore. Paris 1797. avec fig. pet. form.

Zingha, Reine d'Angola, par Castilhon. Bouillon 1769. 2 part. 12.

Zodiaque (le) de la Vie, par de la Monnerie. La Haye 1731. 12.

Zoroastre, Confucius & Mahomet, par Pastoret. Paris 1787. gr. 8.

www.ingramcontent.com/pod-product-compliance
Lightning Source LLC
LaVergne TN
LVHW020021170826
845678LV00001B/76

* 9 7 8 2 3 2 9 7 7 5 7 3 9 *